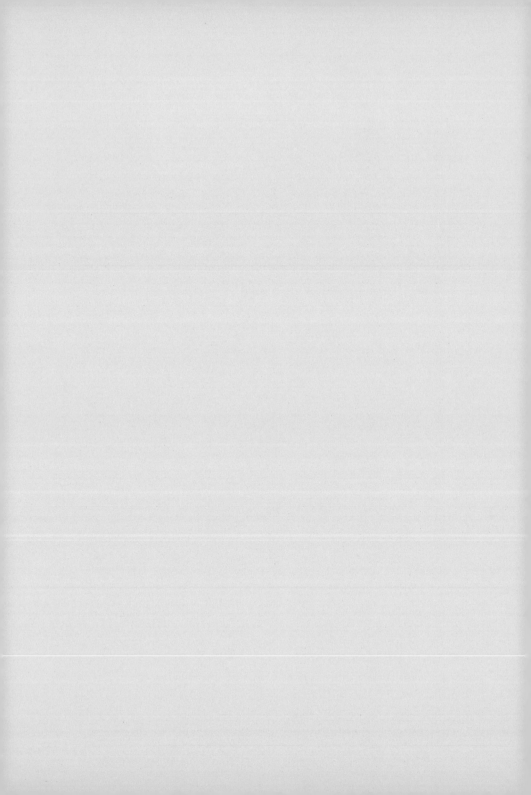

法務局に預けて安心！

遺言書保管制度の利用の仕方

司法書士 **碓井 孝介** 著

日本加除出版株式会社

はじめに　〜新たな遺言制度が始まった〜

「遺言書は作成していますか？」

　相続に関する業務を中心に司法書士事務所を経営している私は、ご依頼人やご相談者にこのように問いかける場面がよくあります。たとえばお子さんがいない方や、推定相続人（自分が亡くなった場合に相続人になる者）との折り合いが悪い方、自分の死後に子供たちが揉めることを心配している方など、遺言書があった方がよいと思われる方々が実に多いためです。

　しかし、そのような方々の多くは、遺言書を作成していません。

　遺言書を作成していない理由はいくつかあります。「公正証書の遺言書」については、公証役場で公証人の関与のもと作成する必要があり、やはりその費用や手間を考えると、作成がおっくうになってしまうのは仕方のないことです。そして手書きで作成する「自筆証書の遺言書」については、作成の仕方が分からない、作成できるとしても管理（保管）できるか心配で作成に至らない……このような声が多いのが現実なのです。

　超高齢社会である我が国において、今後訪れることが確実な「大相続時代」を見据えれば、「遺言書」がますます重要です。遺言書があれば、無用な紛争を防ぐことができるだけでなく、遺言者の最終の意思を、その死後に実現できるのですから。

　このような背景があり、「法務局における遺言書の保管等に関する法律」が、平成30年7月6日に参議院本会議で可決・成立し、同月13日に公布されました。この法律によれば、自筆証書の遺言書が、法務局で保管してもらうことが可能になりました。この制度を利用すれば、紛失や偽造などの管理上の心配がなくなるだけでなく、法務局で保管された

自筆証書の遺言書は家庭裁判所での検認（本書6頁）が不要になります。これらは大きなメリットです。

　この法務局での遺言書保管制度の運用が、令和2年7月10日に始まりました。

　本制度は、我が国に居住する多くの方々に影響を与えるでしょう。これまで馴染みのなかった遺言制度が、一気に利用しやすい制度に変わったのです（法務局で保管してもらうには手数料がかかりますが、公正証書の遺言書を作成するのに比べたら、ずいぶんと廉価です）。

　本書は、運用が始まった「法務局での遺言書保管制度」について、分かりやすく解説した本です。遺言書など書いたことがない、そもそも法律の条文も読んだことがない、法務局に行ったことなんて一度もない、このような方も大丈夫です。本書は、法律初心者にもまったく抵抗なく読めるように執筆しました。また、容易に読み進めることができるように、図や記載例を多く取り入れました。

　本書を参考にして、ぜひ遺言制度を利用してください。

　最後に、この本を執筆するにあたり多大なるご協力をいただきました日本加除出版株式会社編集部の方々に、この場を借りて御礼申し上げます。

司法書士　碓井　孝介

　（注）本書では遺言書の作成の仕方を紹介していますが、本書のとおりに作成したからといって、無効な遺言書にならないと保証するものではありません。場合によっては、遺言書作成に関する他の手引書を参照したり、司法書士等の専門職の支援を受けるなどして遺言書を作成してください。

第1章　自筆証書遺言書の保管制度の概要

第2章　遺言書保管制度、もっと詳しく

第3章　遺言書保管制度の利用の仕方
　　　～遺言書の作成～

第4章　遺言書保管制度の利用の仕方
　　　～保管の申請～

第5章　遺言書保管制度の利用の仕方
〜保管後の取扱い〜

巻末資料

判例の表記例

最判昭和 62 年 10 月 8 日 ← 最高裁判所昭和 62 年 10 月 8 日判決

大阪高判昭和 60 年 12 月 11 日 ← 大阪高等裁判所昭和 60 年 12 月 11 日判決

法令名の表記

法 ← 法務局における遺言書の保管等に関する法律（平成 30 年法律第 73 号）

政令 ← 法務局における遺言書の保管等に関する政令（令和元年政令第 178 号）

省令 ← 法務局における遺言書の保管等に関する省令（令和 2 年法務省令第 33 号）

手続準則 ← 遺言書保管事務取扱手続準則（令和 2 年 5 月 11 日法務省民商第 97 号通達）

参考文献

松原正明著「全訂　判例先例相続法　Ⅳ」（日本加除出版）

NPO 法人遺言・相続リーガルネットワーク編「改訂　遺言条項例 300 ＆ケース別文例集」（日本加除出版）

　遺言書保管制度では、法務局（遺言書保管所）において行う全ての手続について、予約が必要です。

　予約は、手続を行う法務局（遺言書保管所）の窓口又は電話で受け付けていますが、インターネットで行うことも可能です。

　●法務局手続案内予約サービスの専用ホームページでの予約

　https://www.legal-ab.moj.go.jp/houmu.home-t/

第 1 章

自筆証書遺言書の
保管制度の概要

- ●遺言書の方式、主なものは二つ
- ●自筆証書の遺言書が、法務局で保管してもらえることに
- ●法務局で保管された自筆証書の遺言書は、検認不要
- ●法務局で保管された自筆証書の遺言書は「検索」が可能
- ●遺言書の保管制度、利用する前の注意点
- ●遺言書の方式、これからは主なものは3種類に
- ●自筆証書の遺言書保管制度、こんな人におすすめ

遺言書の方式、主なものは二つ

　今回新しくできた遺言書保管制度は、「自筆証書の遺言書」を法務局に保管してもらう制度です。そもそもですが、遺言の方式には主なものとして「自筆証書遺言」と「公正証書遺言」があり、創設されたのは、前者の自筆証書の遺言書を法務局で保管してもらう制度なのです。

　この二つの方式はどのように異なるのか、法務局での遺言書保管制度の前提知識であるため、ここで説明します。

■自筆証書の遺言書

　民法によると「**自筆証書によって遺言をするには、遺言者が、その全文、日付及び氏名を自書し、これに印を押さなければならない**」と定められています（民法 968 条 1 項）。簡単にいうと、自筆証書の遺言書とは「手書きの遺言書」のことです（注：自筆証書の遺言書は原則としてすべて手書きが必要ですが、平成 31 年 1 月 13 日以降に作成される遺言書については一部は手書きでなくてもよいとされました（民法 968 条 2 項参照））。

　自筆証書の遺言書は手軽に作成できる反面、作成後に紛失してしまったり、改ざんされたりする危険性があります。

■公正証書の遺言書

　公正証書によって遺言をするには、証人 2 人以上の立会いがある場で、遺言者が遺言の趣旨を公証人に口授（口頭で伝えること）し、公証人が、遺言者の口述を筆記すること等が必要です（民法 969 条参照）。

　作成は公証人の関与を得て行うことから、自筆証書の遺言書に比べ、形式的な不備がなく、法律的にもしっかりした内容の遺言書になる場合が多いといえます。また、遺言書の原本は公証役場で保管されるため、紛失や改ざんのおそれはありません。

自筆証書遺言（従来どおりの自己管理の遺言書）と公正証書遺言の比較

	自筆証書の遺言書	公正証書の遺言書
他者の関与	不要 （簡単に作成できる）	公証人・証人の関与が必要 （作成に手間がかかる）
費用	無料	手数料が必要（公証人手数料令による。一般的には3～10万円程度）
保管者	遺言者本人 など	公証役場
紛失・偽造・変造の危険性	あり	なし
検索システム	なし	あり
検認手続	必要	不要

（新制度で大きく変わる！）

（注）検認とは、遺言者の死後に、自筆証書の遺言書を家庭裁判所に持ち込み、遺言書の内容を明確にして偽造・変造を防止するための手続のこと（6頁参照）。

自筆証書遺言では、遺言者の最終の意思の実現が困難になることも

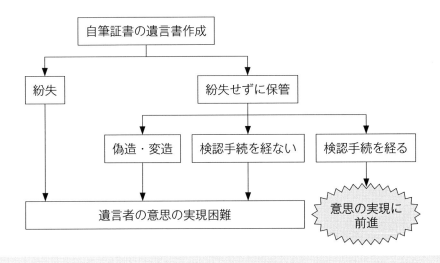

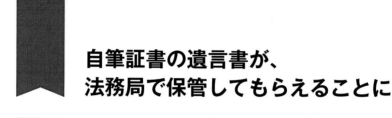

自筆証書の遺言書が、法務局で保管してもらえることに

　自筆証書の遺言書は、簡単につくれるものの、その「保管」に問題があり、利用しにくい面がありました。保管中に紛失したり、改ざんされる可能性があるのです。そこで新たに、「法務局における遺言書の保管等に関する法律」が制定されました。自筆証書の遺言書を法務局で保管してもらうことが可能になったのです。

▧ 遺言書保管所とその管轄

　民法968条に従って自筆証書で作成された遺言書は、法務局で保管してもらうことが可能です。ただし、法務局であればどこでもよいわけではありません。**法務大臣に指定された法務局が「遺言書保管所」として**事務を執り行います。

　また、遺言書を持ち込むことになる遺言書保管所には管轄があるため、遺言書保管所のなかから、管轄の遺言書保管所を利用しなければいけない点には注意が必要です（管轄については18頁参照）。

▧ 遺言書の保管には「申請」が必要

　自筆証書の遺言書を遺言書保管所で保管してもらうためには、**保管の「申請」**をしなければなりません。遺言書だけでなく必要事項を記入した申請書等の書類を、遺言書保管所の行政官である遺言書保管官に提出しなければならないのです。

　なお、自筆証書の遺言書を保管してもらうためには、管轄の遺言書保管所に、遺言をする人（遺言者）自ら出向くことが求められています。

遺言書の保管の申請

〈事例〉作成した自筆証書の遺言書について、紛失や改ざんなどを回避する
　　　ため、遺言書保管所の遺言書保管官に対して、遺言書の保管の申請
　　　を行う。

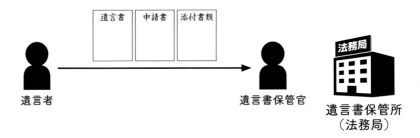

ここがポイント

1　法務大臣に指定された法務局が遺言書保管所となる
2　遺言書保管所には管轄があるため、どこの遺言書保管所でも遺言書を保
　管してもらえるわけではない
3　自筆証書の遺言書を、法務局で保管してもらうことは任意
　➡ 従来どおり、自筆証書の遺言書を自分で保管することも可能
4　保管してもらうためには、遺言者本人が遺言書保管所に出向くことが必
　要
5　保管の申請には、遺言書のほかに申請書等の書類が必要
6　遺言書を遺言書保管所で保管してもらうためには手数料が必要

法務局で保管された自筆証書の遺言書は、検認不要

原則として自筆証書の遺言書は、相続発生後に家庭裁判所で「検認」を受ける必要があります。この「検認」が、遺言書保管所で保管してもらった自筆証書の遺言書では不要になるのは、大きなメリットです。

■ 自筆証書の遺言書で求められる「検認」とは

民法 1004 条によると、**遺言書の保管者は、相続の開始を知った後、家庭裁判所に検認の請求をする**ことが求められています。封のされた遺言書であれば、封をしたまま検認の請求をします（開封は家庭裁判所で行います）。

この検認は、遺言書の存在を明確にし、後日における偽造・変造を防ぐために、その内容を家庭裁判所において確認するものです。

注意が必要なのは、検認は、遺言書の有効無効に関係はないということと。**検認は、あくまで形式的に、その時点において遺言書があり、内容がどのようなものであったかを記録に残すもの**なのです。

■ 検認は、家庭裁判所への申立てが必要

家庭裁判所に検認の請求をするためには、申立書を用意し、管轄の家庭裁判所に提出しなければなりません。その際は、「遺言者の出生から死亡までのすべての戸籍（除籍・改製原戸籍）謄本」などが添付書類として必要であり、結構な労力がかかります。

このような大変な手続が、遺言書保管所で保管してもらった遺言書では不要になるのです。

自筆証書の遺言書の検認

〈事例〉 Aが死亡し、その妻であるBは遺品を整理している際にAの封印の
　　　　された自筆証書の遺言書を発見した。Bは、Aの最後の住所地の家
　　　　庭裁判所に検認の請求をする。

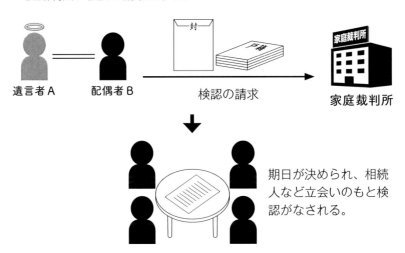

（注）封のしてある遺言書は、開封せずに検認の請求をする。
（注）民法1004条によると、遺言書の保管者がいない場合において、相続人が遺
　　　言書を発見したら、その相続人が検認の請求をします。

検認の申立てにおける必要書類（一部）

1　遺言者の出生時から死亡時までのすべての戸籍（除籍、改製原戸籍）
　謄本
2　相続人全員の戸籍謄本
3　遺言者の子（及びその代襲者）で死亡している者がいる場合、その子
　（及びその代襲者）の出生時から死亡時までのすべての戸籍（除籍、改
　製原戸籍）謄本

※検認申立てにおいて必要になる書類は、場合によって異なります。

※上記以外に、検認の申立書を提出します。

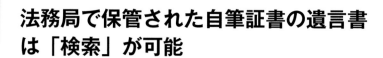

法務局で保管された自筆証書の遺言書は「検索」が可能

　自筆証書の遺言書を法務局で保管してもらうメリットはまだあります。遺言書保管所で保管された遺言書は、公正証書の遺言書と同じように、遺言者の死後に相続人が「検索」できることが大きなメリットです。つまり遺言書の存在を相続人が知らなくても、遺言書保管所で保管された被相続人の遺言書の有無を、相続人が確認できるのです。

■ 「遺言書保管事実証明書」で、自分に関係のある遺言書の有無を確認

　何人も、遺言書保管官に対して、遺言書保管所における自分に関係のある遺言書の保管の有無、並びに当該自分に関係のある遺言書が保管されている場合には、遺言書保管ファイルに記録されている次の事項が記載された「遺言書保管事実証明書」の交付請求が可能です（詳細は 88 頁）。

　これにより、自分に関係する遺言書の有無が確認できます。なお、遺言書保管ファイルとは、遺言書の情報を管理する磁気ディスクのことを意味します。

1　遺言書に記載されている作成の年月日
2　遺言書が保管されている遺言書保管所の名称及び保管番号

■ 「遺言書情報証明書」で、遺言書の内容を確認

　遺言者の死後であれば、遺言書保管所に遺言書の保管を申請した遺言者の相続人等は、当該遺言書について遺言書保管ファイルに記録されている事項を証明した書面（遺言書情報証明書）の交付を請求することが可能です（法 9 条参照）。これで遺言書の内容が分かるようになるのです。

自筆証書の遺言書の「検索」

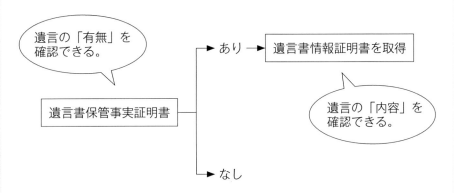

遺言書保管事実証明書を取得し、遺言書の存在が明らかになったら、次は「遺言書情報証明書」を取得して内容を確認する。

〈事例〉 被相続人には配偶者と子がいる。被相続人は生前に法務局で遺言書を保管する旨をにおわせていたため、被相続人の配偶者は法務局において遺言書の有無、そして遺言書がある場合はその内容を確認する。

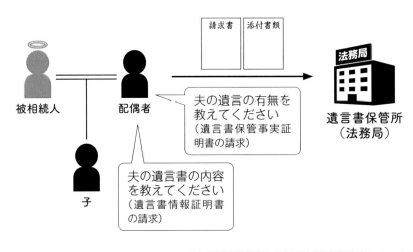

遺言書の保管制度、
利用する前の注意点

　自筆証書の遺言書を遺言書保管所に保管してもらえば、紛失がなくなるなどのメリットがあるでしょう。しかし、自筆証書の遺言書を遺言書保管所で保管してもらったとしても、何もかもが「完璧」であると思ってはいけません。ここで、制度を利用する際の注意点を述べます。

■ 遺言者が求める「完璧」な遺言書とは

　人が遺言書を作成するのは、自分の想いを形にし、その内容を自らの死後に実現させたいためです。遺言者からすれば、遺言書はその内容が実現しなければ意味がないのです。

　遺言者は、当然ですが、自らが作成した遺言書が有効であることを期待します。そして死後、遺言書に基づいて相続手続がスムーズに進むことまで期待するでしょう。遺言者からすれば、これらがそろって初めて「完璧な遺言」なのです。

■ 遺言書保管制度の注意点

　遺言書が遺言書保管所で保管されたのなら、その遺言書は不備のないものだと思う方もいるでしょうが、それは違います。後に遺言書の有効無効が問題となった場合、それを判断するのは裁判所の仕事です。遺言書保管所で保管されていたとしても、**遺言書が無効なことはある**のです。

　また、遺言書保管所で保管された遺言書を、遺言者の死後に銀行などに持ち込んでも、**スムーズに相続手続が進まないことも考えられます。**あくまで自筆証書の遺言書であって、公正証書ではないためです。

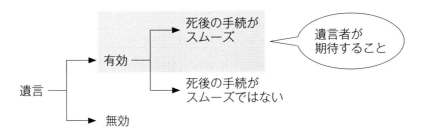

〔注意点その１〕

　自筆証書の遺言書が遺言書保管所で保管されたからといって、必ずしもその遺言書が有効とは限らない。

〔注意点その２〕

　遺言書保管所で保管してもらった遺言書が有効だとしても、自筆証書であることから、死後の手続がスムーズに進まないことも考えられる。

公正証書による遺言書との比較

	公正証書の遺言書	自筆証書の遺言書
有効／無効	無効になることはほとんどない	無効になることが公正証書に比べて多々ある
死後の手続	スムーズに進む	スムーズに進まないことがある（注）

（注）自筆証書の遺言書がある場合でも、金融機関の実務においては所定の用紙に相続人全員の実印での押印がなければ相続預金の払出しに応じないとされることがあります。法務局での遺言書保管制度を利用すれば、自ら保管する自筆証書の遺言書とは取扱いが違うことも考えられますが、自筆証書である以上は要注意です。

遺言書の方式、これからは主なものは３種類に

　これから遺言書を用意する場合、利用しやすい遺言書の方式は３種類になるともいえます。これまでどおりの①自己保管の自筆証書の遺言書、②公正証書の遺言書、そして③遺言書保管所に保管してもらう自筆証書の遺言書の３種類です。新たに創設された制度である③は、①と②のメリットを掛け合わせた制度であると理解することも可能です。

■自己保管の自筆証書の遺言書、メリットとデメリット

　遺言書を自筆証書で用意することのメリットは、他者の関与なしに遺言書を作成できる「**手軽さ**」にあるといえます。

　一方で、自筆証書の遺言書を自分（あるいは自分が依頼した誰か）が保管する場合、**紛失や改ざんのおそれ**があることはすでに述べたとおりです。また、遺言者の死後に相続人がその遺言書を**発見できない可能性**があることや、発見できたとしても**家庭裁判所での検認が必要**なことも、デメリットだといえます。遺言書保管所で保管された自筆証書遺言では、これらのデメリットを回避できます。

■公正証書の遺言書、メリットとデメリット

　公正証書の遺言書は、**検認手続が不要**であることや、**死後に相続人が遺言書の有無を公証役場で確認できる**ことが大きなメリットです。

　一方で、安くはない手数料が必要であったり、作成のために公証人との打合せが必要であり、自筆証書の遺言書よりも、作成に手間がかかることがデメリットです。

利用しやすい遺言書の方式〜３種類〜

自己保管の自筆証書の遺言書
のメリット（手軽さ）は維持

	自己保管の自筆証書の遺言書	遺言書保管所で保管される自筆証書の遺言書	公正証書の遺言書
作成時の他者の関与	不要（手軽に作成できる）		公証人の関与が必要
費用	無料	手数料が必要だが、公正証書作成にかかる手数料よりも、ずいぶんと安価	手数料が必要（公証人手数料令による。場合によっては高額）
保管者	遺言者本人など	法務局	公証役場
紛失・偽造・変造の危険性	あり	なし	
検索システム	なし	あり	
検認手続	必要	不要	

公正証書の遺言書のメリットをも兼ね備える

自筆証書の遺言書保管制度、こんな人におすすめ

　法務局での自筆証書による遺言書の保管制度を、どのような人が利用するべきなのか、ここでご紹介します。この制度は、公正証書の遺言書を作成する前段階として利用するか、あるいは費用をなるべくかけずに遺言書を用意したい人に最適だといえます。

■公正証書による遺言書を作成するコスト

　遺言書を作成する際に多くの方が利用する方式として、公正証書での方式が挙げられます。公正証書で作成すれば、その遺言書の中身についても公証人のチェックを事実上受けるため、穴のない内容になることが一般的です。

　この公正証書による遺言書ですが、作成するためには公証人手数料令に基づいて費用がかかり、遺言書の内容と記載する財産の額によっては多額になります（一般的には3万円程度〜10万円程度）。このようなことから、公正証書による遺言書は気軽に作成できるとはいえません。

■法務局の遺言書保管制度は「とりあえず利用」もしやすい

　法務局での保管制度であれば、保管申請の手数料は3,900円であり、利用しやすい制度だといえます。

　最終的には公正証書による遺言書を作成したいが、それは後日にして、とりあえずはこの制度を利用して自筆証書の遺言書を用意するという利用の仕方が考えられます。また、公正証書による遺言書ほどの費用がかからないことから、現時点で決まっている内容でとりあえず遺言書を用意しておくという利用の仕方もできるでしょう。

遺言書を作成したい

内容がすべて決まっている

内容はだいたい決まっているが、今後変更の可能性がある

場合によっては費用が高額になってもよい

費用をおさえて作成したい or 公正証書は後日作成するとして、仮の遺言をとりあえず用意したい

現時点で決まっている内容でとりあえず作成したい

もう少し内容を考えてから遺言書をつくりたい

多少であれば費用や手間がかかってもいい

多少でも費用や手間はかけたくない

引き続き内容検討

公正証書の遺言書

法務局保管の自筆証書の遺言書

自己保管の自筆証書の遺言書

第1章・参考条文

民法
（自筆証書遺言）

第968条 自筆証書によって遺言をするには、遺言者が、その全文、日付及び氏名を自書し、これに印を押さなければならない。

2 前項の規定にかかわらず、自筆証書にこれと一体のものとして相続財産（第997条第1項に規定する場合における同項に規定する権利を含む。）の全部又は一部の目録を添付する場合には、その目録については、自書することを要しない。この場合において、遺言者は、その目録の毎葉（自書によらない記載がその両面にある場合にあっては、その両面）に署名し、印を押さなければならない。

3 自筆証書（前項の目録を含む。）中の加除その他の変更は、遺言者が、その場所を指示し、これを変更した旨を付記して特にこれに署名し、かつ、その変更の場所に印を押さなければ、その効力を生じない。

（遺言書の検認）

第1004条 遺言書の保管者は、相続の開始を知った後、遅滞なく、これを家庭裁判所に提出して、その検認を請求しなければならない。遺言書の保管者がない場合において、相続人が遺言書を発見した後も、同様とする。

2 前項の規定は、公正証書による遺言については、適用しない。

3 封印のある遺言書は、家庭裁判所において相続人又はその代理人の立会いがなければ、開封することができない。

法務局における遺言書の保管等に関する法律
（遺言書の検認の適用除外）

第11条 民法第1004条第1項の規定は、遺言書保管所に保管されている遺言書については、適用しない。

第2章

遺言書保管制度、
もっと詳しく

- 遺言書の保管申請は、どこの法務局でするのか
- 遺言書の保管申請時に提出する書類等
- 法務局での遺言者の本人確認は厳格
- 遺言書の保管が断られることも〜却下事由〜
- 保管申請時に納める手数料について
- 保管後に交付される「保管証」
- 遺言書は、「データ」としても管理される
- 遺言書の保管期間

遺言書の保管申請は、どこの法務局でするのか

　法務局であれば、どこでも遺言書を保管してくれるわけではありません。法務大臣に指定された法務局が遺言書保管所となり、そのなかでも管轄の遺言書保管所に対して、保管申請をしなければならないのです。保管申請先となる遺言書保管所について解説します。

■ どこの遺言書保管所に申請すればよいのか

　自筆証書の遺言書の保管申請を行う遺言書保管所は、次の遺言書保管所のうちのいずれかでなければなりません（法4条3項）。

1　遺言者の住所地の遺言書保管所
2　遺言者の本籍地の遺言書保管所
3　遺言者が所有する不動産の所在地を管轄する遺言書保管所

　上記のうちのいずれかの遺言書保管所を選択し、その遺言書保管所の遺言書保管官に対して、遺言書の保管の申請をするのです。なお、申請時は遺言者自らが出向かなければなりません（法4条6項）。

■ すでに遺言書の保管をしてもらっている場合は要注意

　上記いずれかの遺言書保管所において、遺言書の保管申請をすればよいのが原則ですが、すでに遺言書保管所で遺言書の保管をしてもらっている場合は注意が必要です。遺言者の作成した他の遺言書が、現在遺言書保管所に保管されている場合は、その遺言書が保管されている遺言書保管所に保管の申請をしなければいけないのです（法4条3項）。

法務大臣の指定を受けた法務局（遺言書保管所）一覧

法務局又は地方法務局	本局、支局又は出張所
札幌法務局	本局、小樽支局、室蘭支局、岩見沢支局、苫小牧支局、滝川支局、倶知安支局、日高支局
函館地方法務局	本局、江差支局、八雲支局
旭川地方法務局	本局、留萌支局、稚内支局、紋別支局、名寄支局
釧路地方法務局	本局、帯広支局、北見支局、根室支局
仙台法務局	本局、石巻支局、塩竈支局、古川支局、気仙沼支局、大河原支局、登米支局
青森地方法務局	本局、弘前支局、八戸支局、五所川原支局、十和田支局、むつ支局
盛岡地方法務局	本局、宮古支局、水沢支局、花巻支局、二戸支局
秋田地方法務局	本局、能代支局、大館支局、本荘支局、大曲支局
山形地方法務局	本局、米沢支局、鶴岡支局、酒田支局、新庄支局、寒河江支局
福島地方法務局	本局、若松支局、郡山支局、いわき支局、白河支局、相馬支局
東京法務局	本局、板橋出張所、八王子支局、府中支局、西多摩支局
水戸地方法務局	本局、日立支局、土浦支局、龍ケ崎支局、下妻支局、常陸太田支局、鹿嶋支局
宇都宮地方法務局	本局、足利支局、栃木支局、日光支局、真岡支局、大田原支局
前橋地方法務局	本局、高崎支局、桐生支局、伊勢崎支局、太田支局、沼田支局、富岡支局、中之条支局
さいたま地方法務局	本局、川越支局、熊谷支局、秩父支局、所沢支局、東松山支局、越谷支局、久喜支局
千葉地方法務局	本局、市川支局、船橋支局、館山支局、木更津支局、松戸支局、香取支局、佐倉支局、柏支局、匝瑳支局、茂原支局
横浜地方法務局	本局、川崎支局、横須賀支局、湘南支局、西湘二宮支局、相模原支局、厚木支局

新潟地方法務局	本局、長岡支局、三条支局、柏崎支局、新発田支局、新津支局、十日町支局、村上支局、糸魚川支局、上越支局、佐渡支局、南魚沼支局
甲府地方法務局	本局、大月支局、鰍沢支局
長野地方法務局	本局、松本支局、上田支局、飯田支局、諏訪支局、伊那支局、大町支局、飯山支局、佐久支局、木曽支局
静岡地方法務局	本局、浜松支局、沼津支局、富士支局、掛川支局、藤枝支局、袋井支局、下田支局
名古屋法務局	本局、豊橋支局、岡崎支局、一宮支局、半田支局、春日井支局、津島支局、刈谷支局、豊田支局、西尾支局、新城支局
富山地方法務局	本局、高岡支局、魚津支局、砺波支局
金沢地方法務局	本局、七尾支局、小松支局、輪島支局
福井地方法務局	本局、敦賀支局、武生支局、小浜支局
岐阜地方法務局	本局、大垣支局、高山支局、多治見支局、中津川支局、美濃加茂支局、八幡支局
津地方法務局	本局、四日市支局、伊勢支局、松阪支局、桑名支局、伊賀支局、熊野支局
大阪法務局	本局、堺支局、岸和田支局、北大阪支局、富田林支局、東大阪支局
大津地方法務局	本局、彦根支局、長浜支局、甲賀支局
京都地方法務局	本局、福知山支局、舞鶴支局、宇治支局、宮津支局、京丹後支局、園部支局
神戸地方法務局	本局、姫路支局、尼崎支局、明石支局、西宮支局、洲本支局、伊丹支局、豊岡支局、加古川支局、龍野支局、社支局、柏原支局
奈良地方法務局	本局、葛城支局、桜井支局、五條支局
和歌山地方法務局	本局、橋本支局、御坊支局、田辺支局、新宮支局
広島法務局	本局、呉支局、尾道支局、福山支局、三次支局、東広島支局、廿日市支局
鳥取地方法務局	本局、米子支局、倉吉支局
松江地方法務局	本局、浜田支局、出雲支局、益田支局、西郷支局
岡山地方法務局	本局、倉敷支局、津山支局、笠岡支局、高梁支局、備前支局

山口地方法務局	本局、下関支局、宇部支局、萩支局、周南支局、岩国支局
高松法務局	本局、丸亀支局、観音寺支局
徳島地方法務局	本局、阿南支局、美馬支局
松山地方法務局	本局、今治支局、宇和島支局、西条支局、大洲支局、四国中央支局
高知地方法務局	本局、安芸支局、須崎支局、四万十支局、香美支局
福岡法務局	本局、北九州支局、久留米支局、直方支局、飯塚支局、田川支局、柳川支局、朝倉支局、八女支局、行橋支局、筑紫支局
佐賀地方法務局	本局、唐津支局、伊万里支局、武雄支局
長崎地方法務局	本局、佐世保支局、島原支局、諫早支局、五島支局、平戸支局、壱岐支局、対馬支局
熊本地方法務局	本局、八代支局、人吉支局、玉名支局、天草支局、山鹿支局、宇土支局、阿蘇大津支局
大分地方法務局	本局、中津支局、日田支局、佐伯支局、竹田支局、杵築支局、宇佐支局
宮崎地方法務局	本局、都城支局、延岡支局、日南支局
鹿児島地方法務局	本局、川内支局、鹿屋支局、奄美支局、霧島支局、知覧支局
那覇地方法務局	本局、宮古島支局、石垣支局、名護支局、沖縄支局

（注）具体的な管轄については「http://www.moj.go.jp/content/001319026.pdf」を参照してください。

法務局に事前に問い合わせ・予約してから出向く

　法務局に出向く前に、管轄の遺言書保管所であるかどうかを電話で確認するのがよいでしょう。管轄の違う遺言書保管所で保管申請をしても、却下されてしまうためです（25頁参照）。なお、電話番号は各法務局のホームページで調べることができます。たとえば「東京法務局　八王子支局」とインターネットで検索すれば、電話番号が分かります。

　また、令和2年6月現在の情報によると、**手続の利用には予約が必要**とのことであるため、問い合わせた際に手続の予約も行いましょう。

遺言書の保管申請時に提出する書類等

遺言書保管所で自筆証書の遺言書の保管申請をする場合に、用意しなければならない書類等があります。

■遺言書の保管申請時に持参するもの

遺言書保管所で遺言書の保管申請をする場合、遺言者は次のものを持参しなければなりません。

1　遺言書（ホチキス止めはしない、無封のもの。詳しくは 62 頁参照）
2　必要事項を記入した申請書（申請書記入例は 65 頁参照）
3　添付書類（下記参照）
4　手数料分の収入印紙（70 頁参照）
5　印鑑（スタンプ印やいわゆるシャチハタでないものを持参）
6　本人確認書類（24 頁参照）

■「添付書類」とは

保管申請時は、添付書類として①又は②のものを用意しますが、①の方が取得は容易です（法4条5項、省令 12 条）。場合によっては③も用意します。

①遺言者の住民票（本籍地及び戸籍筆頭者名の記載があるもの）
②遺言者の戸籍謄本及び戸籍の附票
　※遺言者が外国人であれば、遺言者の氏名、出生年月日、住所及び国籍が分かる資料
③遺言書が外国語のときは、その遺言書の日本語翻訳文

遺言書を保管してもらうための手続

〈事例〉自筆証書の遺言書を作成した遺言者が、その遺言書の紛失を防ぐため、遺言書保管所にて遺言書を保管してもらうための手続をする。

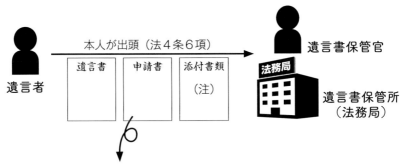

申請書記載事項（法4条4項各号）

一　遺言書に記載されている作成の年月日
二　遺言者の氏名、出生の年月日、住所及び本籍（外国人にあっては、国籍）
三　遺言書に次に掲げる者の記載があるときは、その氏名又は名称及び住所
　　イ　受遺者
　　ロ　民法第1006条第1項の規定により指定された遺言執行者
四　前三号に掲げるもののほか、法務省令で定める事項

（注）添付書類のうち官庁又は公署の作成したものは、その作成後3か月以内のものでなければなりません（省令12条2項）。
　　　添付書面は原本還付可能（省令8条）、詳しくは74頁参照。

法務局での遺言者の本人確認は厳格

　遺言書保管所で遺言書の保管申請を行う場合、遺言書保管官によって本人確認がなされます（法5条）。遺言書保管所には遺言者自らが出向く必要があり、その保管申請時には、出頭者が遺言者本人であることが厳格に確かめられるのです。

■本人確認資料として認められるもの

　本人確認の際は、次のいずれかのものを提示等することになります（法5条、省令13条1号）。なお、下記に挙げたもの以外に、官公署発行のものであって、申請者の氏名及び出生年月日又は住所の記載があり、本人の写真が貼られたものであれば、遺言者保管官の判断で、本人確認資料として認められることがあります（省令13条2号）。

1　個人番号カード
2　運転免許証（運転経歴証明書でも可）
3　氏名及び出生年月日の記載のある旅券等
4　在留カード
5　特別永住者証明書

■本人確認ができなければ……

　遺言書保管官は、「申請が遺言者以外の者によるものであるとき、又は申請人が遺言者であることの証明がないとき」は、保管の申請を却下しなければなりません（政令2条1号）。**本人確認ができないことは、申請の却下事由**なのです。

遺言書の保管が断られることも
～却下事由～

　遺言書保管所では、どのような場合でも遺言書の保管に応じてくれる
わけではありません。「却下事由」に該当すれば、遺言書の保管はして
もらえないのです。

■遺言書の保管申請、却下事由は八つ

　却下事由は次のとおりです（政令2条各号）。これらに該当した場合、
遺言書保管官は保管の申請を却下しなければなりません。

1　当該申請が遺言者以外の者によるものであるとき、又は申請人が遺
　　言者であることの証明がないとき
2　当該申請に係る遺言書が、民法968条の自筆証書による遺言書でな
　　いとき、又は省令別記第1号様式（62頁参照）に従って作成した無封
　　のものでないとき
3　当該申請が管轄の遺言書保管所の遺言書保管官に対してされたもの
　　でないとき（18頁参照）
4　申請書が提出されなかったとき（64頁参照）
5　申請書に添付する書類が足りないとき（22頁参照）
6　保管申請時に、遺言者自らが出頭しないとき
7　申請書又はその添付書類の記載が当該申請書の添付書類又は当該申
　　請に係る遺言書の記載と抵触するとき
8　保管に必要な手数料を納付しないとき（26、70頁参照）

保管申請時に納める手数料について

遺言書保管所で遺言書の保管申請をする際は、手数料が必要です。遺言書の保管（及び遺言書のデータ管理）事務にはコストがかかることから、無料ではないのです。

■ 手数料の額

遺言書の保管申請にかかる手数料は 3,900 円です。手数料の額は、物価の状況のほか、遺言書保管所の事務に要する実費を考慮して政令で定められる（法 12 条）ものであるため、今後変更になることも考えられます。

なお、手数料の額に不足があるときは、保管の申請が却下されてしまいます（政令 2 条 8 号）ので、注意が必要です。

■ 手数料、納付の方法

手数料は収入印紙で納めます（法 12 条 2 項）。具体的には右頁に掲載した「**手数料納付用紙」の印紙貼付欄に収入印紙を貼り付けて納付**するのです。

なお、収入印紙は郵便局で購入できますが、法務局でも購入できます。収入印紙をあらかじめ用意するよりも、法務局で手数料額を確認した上で、法務局で購入するのがよいでしょう。

手数料納付用紙

別記第１２号様式（第５２条第１項関係）

手数料納付用紙

（地方）法務局　　　支局・出張所　御中

（申請人・請求人の表示）

住所＿＿＿＿＿＿＿＿＿＿＿＿＿＿＿＿＿＿

＿＿＿＿＿＿＿＿＿＿＿＿＿＿＿＿＿＿＿＿

＿＿＿＿＿＿＿＿＿＿＿＿＿＿＿＿＿＿＿＿

＿＿＿＿＿＿＿＿＿＿＿＿＿＿＿＿＿＿＿＿

氏名又は名称＿＿＿＿＿＿＿＿＿＿＿＿＿＿

＿＿＿＿＿＿＿＿＿＿＿＿＿＿＿＿＿＿＿＿

（法定代理人の表示）

住所＿＿＿＿＿＿＿＿＿＿＿＿＿＿＿＿＿＿

＿＿＿＿＿＿＿＿＿＿＿＿＿＿＿＿＿＿＿＿

＿＿＿＿＿＿＿＿＿＿＿＿＿＿＿＿＿＿＿＿

氏名＿＿＿＿＿＿＿＿＿＿＿＿＿＿＿＿＿＿

＿＿＿＿＿＿＿＿＿＿＿＿＿＿＿＿＿＿＿＿

（その他）

納付金額＿＿＿＿＿＿＿＿＿＿＿＿円＿

年　月　日	担　当

- - - 印紙貼付欄 - - -

収入印紙は，割印をしないで，印紙貼付欄に貼り付けてください。

ページ数	／

保管後に交付される「保管証」

遺言書保管所で遺言書の保管申請をし、遺言書の保管が開始された後は、「保管証」が交付されます（省令 15 条）。その保管証には、遺言者の氏名や保管番号などが記載されます。

■ 保管証の交付方法

保管証は、法務局に出向いて手続が終了した後に交付を受けることができます。また、遺言者が送付費用を納付して請求すれば、保管証を郵便などの送付の方法で受け取ることも可能です（省令 16 条）。

■ 保管証が廃棄されるとき

遺言書の保管の開始から 3 か月を経過しても遺言者が保管証を受領しないときは、遺言書保管官は保管証の交付をする必要はありません。遺言書保管官は、この場合保管証を廃棄できます（省令 17 条）

遺言者側から見れば、保管証が不要であれば、3 か月間交付を受けなければよいともいえます。同居の親族などに遺言書の存在を徹底して隠したいときは、このような取扱いにしてもらう方もいるでしょう。

■ 保管証、こんなときに便利

保管証には、「遺言書が保管されている遺言書保管所の名称」「保管番号」が記載されています。保管番号は、再度の遺言書保管申請や遺言書の閲覧申請等の際に使いますので、保管証は交付を受けて保管しておきましょう。また、遺言者の死後に、親族が保管証を見つけることで、遺言書の存在が分かります。

保管証

別記第3号様式（第15条第2項関係）

保管証

遺言者の氏名	遺言 太郎
遺言者の出生の年月日	昭和 35 年 3 月 3 日
遺言書が保管されている 遺言書保管所の名称	東京法務局
保管番号	○○○○○○○

　上記の遺言者の申請に係る遺言書の保管を開始しました。

令和○年○月○日
東京法務局

遺言書保管官 ○○○○

（注）保管証は再交付されませんので、大切に保管してください。

遺言書は、
「データ」としても管理される

「法務局での遺言書の保管制度」と聞くと、保管されるのは遺言書（という紙）だけであると思うかもしれませんが、それは違います。遺言書の情報も、データ化されて管理されるのです。

■遺言書に係る情報の管理

遺言書保管所では、遺言書の画像情報を含む遺言書に係る一定の情報（詳しくは次頁参照）を、磁気ディスクをもって調製する遺言書保管ファイルに記録する（つまりデータ化する）方法で管理されることになります（法7条1項2項参照）。データ化して管理することで、紙のみで保管する場合に比べ、災害などの不測の事態に対応できるだけでなく、様々なメリットがあるためです。

■データとして管理されることによるメリット

データ化して記録することで、紙で保管するよりも場所を取らずに情報を管理できます。このようなことから、紙の遺言書よりも、データ化された情報の方が長期間にわたって保管されることになっています（具体的な保管年限は、32頁参照）。

また、データ化して情報を管理するからこそ、遺言書保管所は、**遺言書情報証明書**（92頁参照）や**遺言書保管事実証明書**（88頁参照）の交付に対応できるようになります。

遺言書保管所での遺言書に関する情報管理

- 遺言書の画像情報
- 下記の各事項
  一　遺言書に記載されている作成の年月日
  二　遺言者の氏名、出生の年月日、住所及び本籍（外国人にあっ
  　　ては、国籍）
  三　遺言書に次に掲げる者の記載があるときは、その氏名又は名
  　　称及び住所
  　　イ　受遺者
  　　ロ　民法第1006条第1項の規定により指定された遺言執行者
- 遺言書の保管を開始した年月日
- 遺言書が保管されている遺言書保管所の名称及び保管番号

　　　　　　　　　　　　　　　　　　　　　　　（法7条2項各号）

これらの情報は、後に「遺言書情報証明書」として、遺言者の相続人等が交付を請求できる（法9条。92頁で詳述）。

遺言書の保管期間

遺言書保管所での遺言書の保管は、未来永劫にわたって続くわけではありません。法律・政令で定められた期間が経過したら、保管されていた遺言書は廃棄され、遺言書保管ファイルは消去されることがあります。

■ 「遺言書」の保管期間

遺言書保管所で保管された遺言書は、**遺言者の死亡の日から50年経過したら、遺言書保管官はその遺言書を廃棄することができます**。また、遺言者の生死が明らかではない場合は、遺言者の出生の日から起算して120年を経過したのち、50年が経てば廃棄することが可能です（法6条5項、政令5条）。このくらいの期間保管すれば、相続に関する紛争を防止できると考えられているのです。

なお、条文上は、50年経過したら「廃棄される」ではなく、「廃棄することができる」とされています。場合によっては、それ以上の期間保管されることもあるのです。

■ 「遺言書保管ファイル」の管理期間

遺言書そのものと異なり、遺言書保管ファイルは場所を取らないため、その管理の期間は長く設定されています。**遺言者の死亡の日から150年経過したら、遺言書保管官はその情報を消去できます**（法7条3項、政令5条2項）。また、遺言者の生死が明らかではない場合は、遺言者の出生の日から起算して120年を経過し、さらに150年経てば消去することが可能です（法7条3項、政令5条）。

遺言書の保管期間

〈事例〉自筆証書の遺言書を作成したＡは、遺言書保管所の遺言書保管官に対して遺言書の保管を申請した。この遺言書保管所では、永久にＡの遺言書（及び遺言書のデータ情報）が保管されるわけではなく、一定の期間が経過したら廃棄（及びデータの消去）が可能になる。

【遺言書】

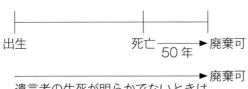

遺言者の生死が明らかでないときは
出生の日から 120 年＋ 50 年

【遺言書保管ファイル（データ情報）】

遺言者の生死が明らかでないときは
出生の日から 120 年＋ 150 年

第2章・参考条文 （法務局における遺言書の保管等に関する法律）

（遺言書の保管等）

第6条 遺言書の保管は、遺言書保管官が遺言書保管所の施設内において行う。

2　遺言者は、その申請に係る遺言書が保管されている遺言書保管所（第4項及び第8条において「特定遺言書保管所」という。）の遺言書保管官に対し、いつでも当該遺言書の閲覧を請求することができる。

3　前項の請求をしようとする遺言者は、法務省令で定めるところにより、その旨を記載した請求書に法務省令で定める書類を添付して、遺言書保管官に提出しなければならない。

4　遺言者が第2項の請求をするときは、特定遺言書保管所に自ら出頭して行わなければならない。この場合においては、前条の規定を準用する。

5　遺言書保管官は、第1項の規定による遺言書の保管をする場合において、遺言者の死亡の日（遺言者の生死が明らかでない場合にあっては、これに相当する日として政令で定める日）から相続に関する紛争を防止する必要があると認められる期間として政令で定める期間が経過した後は、これを廃棄することができる。

（遺言書に係る情報の管理）

第7条 遺言書保管官は、前条第1項の規定により保管する遺言書について、次項に定めるところにより、当該遺言書に係る情報の管理をしなければならない。

2　遺言書に係る情報の管理は、磁気ディスク（これに準ずる方法により一定の事項を確実に記録することができる物を含む。）をもって調製する遺言書保管ファイルに、次に掲げる事項を記録することによって行う。

一　遺言書の画像情報

二　第4条第4項第1号から第3号までに掲げる事項

三　遺言書の保管を開始した年月日

四　遺言書が保管されている遺言書保管所の名称及び保管番号

3　前条第5項の規定は、前項の規定による遺言書に係る情報の管理について準用する。この場合において、同条第5項中「廃棄する」とあるのは、「消去する」と読み替えるものとする。

第3章

遺言書保管制度の利用の仕方
～遺言書の作成～

- ●自筆証書の遺言書、その作成の基本
- ●自書によらない「相続財産の目録」
- ●「相続財産の目録」の作り方
- ●自書によらない「相続財産の目録」への署名押印
- ●自筆証書の遺言書作成で、よくある質問
- ●遺言書の記載例～相続させる旨の遺言～
- ●遺言書の記載例～相続人以外への遺贈～
- ●遺言書の記載例～予備的遺言～
- ●遺言書の記載例～相続分の指定～
- ●遺言書の記載例～遺言執行者の指定～
- ●遺言書作成前に知っておきたい「遺留分」

自筆証書の遺言書、その作成の基本

遺言書保管所で保管してもらえる遺言書は、民法 968 条に従って作成された自筆証書の遺言書です。民法 968 条でどのようなことが定められているのか、その概要をご説明します。

■基本は「全文、日付及び氏名を自書し、押印する」

民法 968 条によると、**自筆証書によって遺言書を作成するには、遺言者が、その全文、日付及び氏名を自書し、これに印を押さなければなりません**（民法 968 条 1 項）。「自書」は読んで字のごとく自分で書くことを意味するため、「すべての内容、そして日付と氏名も自分自身で書いて、押印すること」が求められているのです。なお、書く際はボールペン等の消えない筆記具で書いてください。

ところで字を書けないという人は、公正証書で遺言書を作成することになるのが現実です（民法 969 条参照）。※公正証書の遺言書は、遺言書保管所では保管してもらうことはできません。

■一部「自書によらない」自筆証書の遺言書も可

自筆証書の遺言書は、上記にあるように「すべて自書」がその基本ですが、法改正により、平成 31 年 1 月 13 日以降に作成される遺言書については、一部自書ではない自筆証書の遺言書が認められました。

自筆証書の遺言書で自書でなくてもよいのは、「相続財産の目録」についてです。不動産の表示や預貯金口座の表示などは、自書の必要はないのです（民法 968 条 2 項参照）。※自書によらない目録は 38 頁参照。

自筆証書の遺言書の作成

〈事例〉 Aは自らの考えを残し、その内容を法的に実現できるようにするため、民法968条の定めに従って自筆証書の遺言書を作成した。

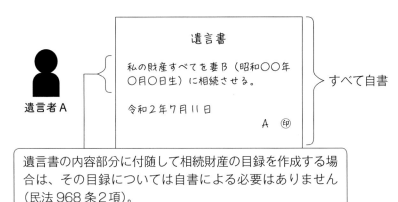

> 遺言書の内容部分に付随して相続財産の目録を作成する場合は、その目録については自書による必要はありません（民法968条2項）。

民法968条 自筆証書によって遺言をするには、遺言者が、その全文、日付及び氏名を自書し、これに印を押さなければならない。

2 前項の規定にかかわらず、自筆証書にこれと一体のものとして相続財産（第997条第1項に規定する場合における同項に規定する権利を含む。）の全部又は一部の目録を添付する場合には、その目録については、自書することを要しない。この場合において、遺言者は、その目録の毎葉（自書によらない記載がその両面にある場合にあっては、その両面）に署名し、印を押さなければならない。

3 （略）

（注）**遺言書の各頁には頁番号を振りましょう。財産目録を作成するときも、遺言書本文とつながるように通し番号を振ります。**

> ※法務局で保管してもらえる遺言書は民法968条に則ったものであり、なおかつ62頁の様式に従ったものでなければなりません。遺言書作成の際は、62頁も必ず確認してください。

自書によらない「相続財産の目録」

36頁で述べたように、民法968条の自筆証書の遺言書であっても、「相続財産の目録」については、自書による必要はありません。法改正により、自筆証書の遺言書の要件が一部緩和されたのです。

■ 「相続財産の目録」とは

相続財産の目録は、不動産や預貯金などの相続財産の詳細を記載するものです。たとえば「すべての財産を妻〇〇（昭和〇〇年〇月〇日生）に相続させる」とする内容の遺言書であれば、相続財産の目録は不要かもしれませんが、**相続財産の内容を明確にしておきたい場合などは、一覧として目録をつくり、目録を遺言書の一部にする**ことがあるのです。また、各相続財産を複数の相続人に分けて相続させる場合などにも、相続財産の目録を作ることがよくあります。

■ 「相続財産の目録」の作り方

自書によらない「相続財産の目録」の作り方は、次のとおりです。詳しくは右頁を参考にしてください。

- 遺言書本体とは別の紙に作成する
  （http://www.moj.go.jp/MINJI/minji07_00240.html の Q5 参照）。
- パソコンで作成したものでよい。不動産であれば登記事項証明書の写しでもよい。預貯金であれば通帳の写しでもよい（銀行名、支店名、口座名義、口座番号等が分かる頁）。
- 毎葉（各頁）に署名押印をする。

相続財産の目録

〈事例〉法務一郎は自筆証書の遺言書を作成するにあたり、相続財産の目録を自書によらない方法で作成する。

遺言書	遺産の目録（別紙１）	遺産の目録（別紙２）
別紙１の土地を妻知恵（昭和〇年〇月〇日生）に相続させる。 別紙２の預金を長男和孝（昭和〇年〇月〇日生）に相続させる。 令和２年７月15日 法務一郎㊞ 1/3	所在　文京区本郷 地番　１番２ 地目　宅地 地積　100m² 法務一郎㊞ 2/3	通帳コピー 法務一郎㊞ 3/3

相続財産の目録の例
1　パソコンで作成した目録（別紙１）
2　通帳の写し（別紙２）
3　不動産の登記事項証明書の写し
4　不動産の固定資産税課税明細書（不動産の表示があるもの）の写し
5　銀行等の残高証明書（口座番号や銘柄があるもの）の写し

※自書によらない相続財産の目録にも、各頁に署名と押印が必要です。
※財産目録も、遺言書本文と同様に左右上下に余白が必要です（62頁参照）。
※相続財産の目録も遺言書の一部であるため、その加除や訂正は、「遺言者が、その場所を指示し、これを変更した旨を付記して特にこれに署名し、かつ、その変更の場所に印を押さなければ、その効力を生じない」と定められています（民法968条3項）。なお、加除・訂正の仕方を間違うと遺言書の効力にも影響が及ぶため、加除・訂正したい場合は、その頁をすべて書き直すことをおすすめします。

「相続財産の目録」の作り方

　相続財産の目録の作成の仕方について解説します。不動産について登記事項証明書の写しや預貯金について通帳の写しを目録とする場合はそのまま使えばよいですが、目録をパソコンで作成するときは、何をどのように記載して財産を特定すればよいのでしょう。

■不動産の特定の仕方

　不動産については、一般的には、土地は「所在、地番、地目及び地積」を記載し、建物は「所在、家屋番号、種類、構造及び床面積」を記載します。いずれも不動産の登記事項証明書を取得すれば分かることですので、法務局で登記事項証明書を取得し、その登記事項証明書のとおりに記載しましょう。

■預貯金の特定の仕方

　預貯金については、ゆうちょ銀行の貯金は「銀行名、貯金種（「通常貯金」など）、記号番号、口座名義人」、その他の銀行や信用金庫等の預金については「銀行名、支店名、口座種類、口座番号、口座名義人」などを記載すればよいでしょう。

■株式の特定の仕方

　株式については、非上場のものであれば「会社名、本店、株式の種類（種類株式発行会社である場合）、株式数」などを記載しましょう。上場株を有している場合には、それ以外にも口座のある証券会社名、支店名、口座番号なども併記して特定するとよいでしょう。

各財産の特定の仕方 （下記はあくまで一例です）

不動産の特定の仕方

```
〈土　地〉
所　在　文京区本郷
地　番　1番2
地　目　宅地
地　積　100㎡
```

```
〈建　物〉
所　在　文京区本郷1番地2
家屋番号　1番2
種　類　居宅
構　造　木造平家建
床面積　50㎡
```

※区分建物（マンション）の特定の仕方については111〜112頁をご覧ください。

預貯金の特定の仕方

```
〈ゆうちょ銀行の場合〉
銀　行　名：株式会社ゆうちょ銀行
貯　金　種：通常貯金
記　　　号：○○○○
番　　　号：○○○○
口座名義人：法務一郎
```

```
〈ゆうちょ銀行以外の銀行の場合〉
銀　行　名：株式会社○○銀行
支　店　名：九段支店
預　金　種：普通預金
口座番号：○○○○
口座名義人：法務一郎
```

株式の特定の仕方

```
〈非上場株式〉
商　号：株式会社○○
本　店：東京都千代田区○○
種　類：普通株式
株式数：1000株
```

自書によらない相続財産の目録については「http://www.moj.go.jp/MINJI/minji07_00240.html」も参照してください。

自書によらない「相続財産の目録」
への署名押印

相続財産の目録を、自書によらない形式で作成した場合、その目録には署名と押印が必要です。

■ 自書によらない「相続財産の目録」への署名押印

　法律によると、自書によらない形式で相続財産の目録を作成した場合、遺言者は、その目録の毎葉（各頁）に署名し、印を押さなければならないとされています。また、自書によらない記載がその両面にある場合にあっては、その両面に署名し、押印する必要があるのです（民法968条2項）。

（注）省令別記第1号様式によると、法務局に保管申請する遺言書は「片面のみの記載」とされています（62頁参照）。相続財産の目録についても片面のみで作成しましょう。

■ 自書によらない「相続財産の目録」に押すのは実印？

　使用する印鑑は、実印である必要はありません。また、法律によると、特に印鑑の指定がないことから、遺言書本文で用いる印鑑とは別の印鑑を使う方もいるのかもしれません。

　しかし、遺言書本文と相続財産の目録が一体であることを明確にするために、遺言書本文に用いた印鑑と同じ印鑑を用いるとよいでしょう。

　また、スタンプ印やいわゆるシャチハタは避けてください。

目録への署名押印

〈事例〉複数の不動産を持つ遺言者甲野太郎は、自筆証書の遺言書を作成し、相続財産の目録をパソコンで作成した。相続財産の目録は2枚で、本文と合わせると合計3枚になった。

遺言書 私が有する別紙1の土地は長男B（昭和○年○月○日生）に、別紙2の土地は二男C（昭和○年○月○日生）に相続させる。 令和2年12月1日 　　　甲野太郎　㊞ 　　　　　　　1/3	**別紙1** 所在　○○ 地番　○○ 地目　○○ 地積　○○ 　　甲野太郎　㊞ 　　　　　　2/3	**別紙2** 所在　○○ 地番　○○ 地目　○○ 地積　○○ 　　甲野太郎　㊞ 　　　　　　3/3

※署名とは、手書きで名前を書くことです。相続財産の目録である別紙1及び別紙2にも、署名と押印が必要な点に注意しましょう（なお手書きでなくて構わない場合は「記名」といいます）。

※重要文書が複数頁になる場合には、「契印」することがあります。遺言書も重要文書であるため、複数頁になる場合は契印が望ましいとも考えられますが、法務局での保管制度を利用する場合の遺言書には「余白部分や裏面には何も記載しない」との案内が、令和2年6月時点では法務省から出ています。したがって、法務局での保管制度を利用する場合は契印はしないものと考えられますが、契印について気になる方は、保管申請時に契印のしていない遺言書を法務局に持参し、契印の要否について法務局の担当者に確認してください。なお、契印とは、書類がつながっていることを示すため、各書類のつなぎ目に押す印のことを意味します。

自筆証書の遺言書作成で、よくある質問

自筆証書の遺言書を作成する上で、注意しなければならないことがいくつかあります。遺言書が無効にならないように注意しましょう。

■他人の「添え手」による作成

病気等の事情で、一人ではうまく文字が書けない場合は、他人の「添え手」によって遺言書を作成したいという方もいるでしょう。このような「添え手」によって作成した遺言書でも、「自書」の要件を満たすのか、争われた事例があります。最高裁判所の見解によると、下記の三つの要件がそろえば、「自書」の要件は満たすとされています。

しかし、後々に紛争になる可能性を考えると、**「添え手」による自筆証書の遺言書を作成するべきではありません**。うまく文字が書けない場合は、公正証書の遺言書を作成することを強くおすすめします。

「添え手」でも自書にあたる三つの要件

①遺言者が証書作成時に自書能力を有し、②他人の添え手が、単に始筆若しくは改行にあたり若しくは字の間配りや行間を整えるため遺言者の手を用紙の正しい位置に導くにとどまるか、又は遺言者の手の動きが遺言者の望みにまかされており、遺言者は添え手をした他人から単に筆記を容易にするための支えを借りただけであり、かつ、③添え手が右のような態様のものにとどまること、すなわち添え手をした他人の意思が介入した形跡のないことが、筆跡のうえで判定できる場合には、「自書」の要件を充たす（最判昭和62年10月8日）

■ 日付の記載・氏名の記載

　日付は、年月日を明確に記載しましょう。前の遺言が後の遺言と抵触する場合、内容が抵触する部分については後のものが有効であるため、どの時点で作成された遺言書なのか、明らかにする必要があるのです（民法 1022 条、1023 条参照）。日が特定できない遺言書（たとえば「○年○月吉日」とした遺言書）は、無効と判断された事例があり（最判昭和 54 年 5 月 31 日）、そのような日の記載では法務局で保管してもらえません。

　氏名は、日本国籍者であれば戸籍上の氏（苗字）と名を記載しましょう。氏名の記載は遺言者本人を特定できればよいという考え方から、通称などでも有効とされた事例がありますが（大阪高判昭和 60 年 12 月 11 日）、無用な論争を避けるために、戸籍上の氏名を記載するべきです。

（注）私見では日本国籍者が法務局での遺言書保管制度を利用する場合、戸籍上の氏名以外の氏名を用いた遺言書は保管してもらえないものと考えられます（保管申請時に提出する添付書類の内容と合致しないため）。

■ 押印

　押印は、実印である必要はありません。認印でもよいとされています。また、指印であっても、遺言書は有効とされた事例がありますが（最判平成元年 2 月 16 日）、押印には印鑑を利用しましょう。

（注）印鑑は、スタンプ印やいわゆるシャチハタは避けてください。

■ たとえ裁判で有効とされた事例があっても……

　裁判で有効とされた事例があっても、オーソドックスでない記載の仕方は避けましょう。紛争回避のためだけでなく、遺言書保管所に保管申請をする際に、保管申請書等との整合性に問題が生じることも考えられるためです。

遺言書の記載例
～相続させる旨の遺言～

　ここからは遺言書本文の記載例を紹介します。まずは相続人に遺産を「相続させる」と記載する遺言です。

■相続させる旨の遺言の解釈の仕方

　遺言書を作成する際に、相続人に遺産をわたす際は、「（何）を（誰）に相続させる」と記載するのが一般的です。

　遺産を相続人に「相続させる」と記載された遺言書の解釈の仕方について、最高裁判所は「遺言書の記載から、その趣旨が遺贈であることが明らかであるか又は遺贈と解すべき特段の事情のない限り、当該遺産を当該相続人をして単独で相続させる**遺産分割の方法が指定**されたものと解すべき」としました（最判平成3年4月19日）。

　「遺産分割の方法が指定」されるということは、遺言者が死亡したら、何らの行為がなくても（つまり遺産分割協議などがなくても）、その相続財産は指定された相続人に承継されることになります。

■相続させる旨の遺言を作成するときの注意点

　相続させる相手が、自分が亡くなったときに相続人になる者（推定相続人）であることを確認しましょう。相続人以外に「相続させる」と記載した場合は遺贈（48頁参照）の効力が生じると考えられますが、相手が相続人になる者なのかそうではないのか、確認してから遺言書を作成してください。

　また、誰に、どの遺産を相続させるのか、明確に記載しましょう。

【相続させる旨の遺言　記載例】

土地を配偶者に相続させる場合

> 第○条　遺言者は、遺言者が有する<u>下記の土地</u>を、遺言者の妻○○（昭和○○年○月○日生）に相続させる。
>
> 〈土地〉
> 所　在：札幌市中央区○○○○
> 地　番：○番○
> 地　目：宅地
> 地　積：○○平方メートル

「別紙○の」として、相続財産の目録に記載する方法もあります（38頁参照）。
（注）自書によらずに目録を作成するためには、その目録は遺言本文とは別の紙で作成しなければなりません。

預金を長男に相続させる場合

> 第○条　遺言者は、遺言者名義の下記預金債権を、長男○○（昭和○○年○月○日生）に相続させる。
>
> 〈預金債権〉
> ○○銀行　○○支店
> 普通預金　口座番号○○○○○○○
> 口座名義人　○○○○

すべてを長女に相続させる場合

> 第○条　遺言者は、遺言者が有する一切の財産を、長女○○（昭和○○年○月○日生）に相続させる。

（注）特定の遺産を特定の相続人に承継させる場合だけではなく、すべての財産を特定の相続人に承継させる場合も、「相続させる」と書くのが一般的です。

遺言書の記載例
～相続人以外への遺贈～

　「相続させる」旨の遺言書は、相手が「推定相続人」の場合の書き方です。一方で、推定相続人以外の者に財産を与える場合は、遺言書に「遺贈する」と書きましょう。

■ たとえ親族でも、推定相続人でなければ「遺贈」

　遺言書で、推定相続人以外の者に財産を与える旨を記載する際は「遺贈する」と書きます。この「推定相続人以外の者」というのは、まったくの第三者だけでなく、推定相続人以外の親族も含みます。たとえば子がいる遺言者が孫に財産を与えたい場合は、「遺贈する」と記載するのです。

■ 推定相続人とは

　推定相続人とは、**相続が開始した場合に相続人となるべき者**を指します（民法 892 条）。たとえば子がいる人は子が推定相続人にあたります。直系尊属（親や祖父母）が健在だとしても、第 1 順位の相続人である子がいる以上は、子が推定相続人なのです。

　推定相続人に対しても「遺贈する」と記載することがありますが、推定相続人に対しては「相続させる」と記載するのが一般的です。

■ 遺贈には 2 種類ある

　遺贈には、特定遺贈と包括遺贈の 2 種類あります。それぞれによって遺言者が死亡した場合の受遺者（遺贈を受ける者）の立場が異なるため、その違いを理解しなければいけません。

■特定遺贈と包括遺贈

　特定遺贈とは、読んで字のごとく「特定の財産」を与えることを意味します。たとえば「札幌市○○の土地を甲に遺贈する」とすれば、その土地だけが甲のものとなり、他のプラスの財産や借金などのマイナスの財産は、甲には承継されません。

　一方で**包括遺贈とは、全部又は割合を決めて承継させる遺贈の仕方**を意味します。たとえば「一切の財産を乙に包括して遺贈する」とすれば、借金などのマイナスの財産を含めて、すべてが乙のものとなります。結局のところ乙は相続人と同じような立場になるため、「包括受遺者は、相続人と同一の権利義務を有する」（民法990条）と規定されています。

【遺贈する旨の遺言　記載例】

土地を第三者である甲に特定遺贈する場合

第○条　遺言者は、遺言者が所有する下記の土地を、甲（昭和○○年○月○日生）に遺贈する。
〈土地〉
所　在：札幌市中央区○○○○
地　番：○番○
地　目：宅地
地　積：○○平方メートル

> 「別紙○の」として、相続財産の目録に記載する方法もあります（38頁参照）。
> （注）自書によらずに目録を作成するためには、その目録は遺言本文とは別の紙で作成しなければなりません。

乙に包括遺贈する場合

第○条　遺言者は、遺言者の有する一切の財産を、乙（昭和○○年○月○日生）に包括して遺贈する。

遺言書の記載例　〜予備的遺言〜

遺言で財産を「遺贈する」としても、受遺者になるはずだった者が遺言者よりも先に死亡することがあります。同じように、遺言で「相続させる」とした相続人が、遺言者よりも先に死亡することもあります。このような場合に備えて、「予備的遺言」を用意することが有効です。

■ 遺贈の場合：受遺者が同時又は先に死亡

法律によると、「遺贈は、遺言者の死亡以前に受遺者が死亡したときは、その効力を生じない」と定められています（民法994条1項）。たとえば遺言で「甲に遺贈する」としたものの、遺言者よりも先に甲が死亡した場合は、甲の相続人がその受遺者の立場を引き継ぐわけではないのです。

■ 「相続させる」の場合：その相続人が同時又は先に死亡

条文にはないものの、上記遺贈の場合と同じように、遺言で相続させると指定された者が（同時又は）先に死亡した場合、その効力は生じません（最判平成23年2月22日）。たとえば遺言で「○○の土地は甲に相続させる」としたものの、甲が遺言者より先に又は遺言者と同時に死亡した場合は、甲の子がその土地を当然に代襲相続するわけではないのです（代襲相続については「巻末資料」113頁参照）。

■ 「予備的遺言」で不測の事態に対応する

上記のような事態に対応するために、受遺者になるはずの者又は相続させるとした相続人が、遺言者より先に（あるいは遺言者と同時に）死亡した場合に、誰が財産を承継するのかを遺言書作成時に指定しておくことをおすすめします。これを「予備的遺言」といいます。

【予備的遺言　記載例】

土地を長男である甲に相続させる場合

> 第〇条　遺言者は、遺言者が所有する下記の土地を、長男　甲（昭和〇〇
> 　　　年〇月〇日生）に相続させる。
> 〈土地〉
> 所　　在：札幌市中央区〇〇〇〇
> 地　　番：〇番〇
> 地　　目：宅地
> 地　　積：〇〇平方メートル
>
> 第〇条　遺言者は、万が一、遺言者より先に又は遺言者と同時に、甲が死
> 　　　亡したときは、甲に相続させるとした前条記載の財産を、甲の長男で
> 　　　ある乙（平成〇年〇月〇日生）に相続させる。

> 指定された相続人が先に死亡した場合に、「相続させる」遺言が効力を生
> じないとした判例（最判平成23年2月22日）

　「相続させる」旨の遺言は、当該遺言により遺産を相続させるものとされ
た推定相続人が遺言者の死亡以前に死亡した場合には、当該「相続させる」
旨の遺言に係る条項と遺言書の他の記載との関係、遺言書作成当時の事情及
び遺言者の置かれていた状況などから、遺言者が、上記の場合には、当該推
定相続人の代襲者その他の者に遺産を相続させる旨の意思を有していたとみ
るべき特段の事情のない限り、その効力を生ずることはないと解するのが相
当である。

遺言書の記載例　〜相続分の指定〜

遺言書で、推定相続人に財産を与える場合は、「相続させる」旨の遺言書によることが実務上は多いといえます。一方で、遺言において「相続分の指定」を行うことも可能です。

■ 法定相続分とは　〜「相続分の指定」を理解する前提〜

民法では、法定相続分が定められています（法定相続分についての詳細は「巻末資料」114頁参照）。相続人が複数いる場合は、通常は遺産の分割を行いますが、この法定相続分が、遺産の分割の際の目安になるのです。

■ 相続分の指定は「法定相続分の修正」

遺言において、相続分を法定相続分によらずに、遺言者が指定することが可能です。相続人として配偶者と子どもがいる場合、配偶者の法定相続分は「2分の1」ですが、たとえばそれを「5分の4」と定めることも可能なのです。

■ 相続分の指定と「相続させる」旨の遺言の違い

相続させる旨の遺言は、遺産分割方法の指定と理解されています。つまり、遺言で遺産の分割を行ってしまうため、相続人間で遺産分割を行う必要はありません。

一方で、相続分の指定は、その指定相続分に基づき、相続人間で遺産の分割を行う必要があります。

【相続分の指定　記載例】

相続人全員の相続分を指定する場合

> 第○条　遺言者は、次のとおり相続人の相続分を指定する。
>
> 妻　　甲（昭和○年○月○日生）　10分の3
> 長女　乙（昭和○年○月○日生）　10分の5
> 二女　丙（昭和○年○月○日生）　10分の1
> 長男　丁（昭和○年○月○日生）　10分の1

※相続人のなかの一部の者の相続分のみを指定することも可能です。この場合は、指定されなかった相続人の相続分は、法定相続分の規定に従うことになります（民法902条2項、900条、901条）。ただし、相続人のなかの一部の者のみの相続分を指定した場合、その遺言書の趣旨の解釈に疑義が生じるおそれがあるため、相続人の全員について相続分を指定することが望ましいといえます。

相続分の指定を第三者に委託する場合

> 第○条　遺言者は、次の者に対し、相続人の全員につき、その相続分の指
> 　　　　定をすることを委託する。
> 住所　東京都千代田区○○町○○
> 氏名　Ａ（職業：弁護士）
> 生年月日　昭和○年○月○日

※指定の委託を受けることができる第三者は、当該相続に利害関係のない者（相続人や包括受遺者でないもの）であると一般に解されています。

遺言書の記載例
～遺言執行者の指定～

遺言書のとおりになるように、「遺言執行者」を遺言で指定しておくとよいでしょう。遺言執行者とは、遺言者が死亡した後に遺言の内容を実現する役割を担う者です。

■遺言執行者の権限

遺言執行者は、遺言の内容を実現するため、相続財産の管理その他遺言の執行に必要な一切の行為をする権利義務を有します（民法1012条1項）。**遺言執行者がいる場合、遺贈を履行できるのは遺言執行者だけです**（民法1012条2項）。また、遺産分割方法の指定として遺産に属する特定の財産を共同相続人の一人又は数人に承継させる旨の遺言（特定財産承継遺言）があり、その遺産が預貯金である場合には、遺言執行者は、その預貯金の払戻しの請求及びその預貯金に係る契約の解約の申入れをすることが可能です（民法1014条2項・3項）。

■遺言執行者の指定

遺言執行者の指定は遺言で行います（民法1006条1項）。遺言で遺言執行者を指定する際は、相続させる旨や遺贈する旨の遺言をする際に、同一の遺言書のなかで指定するのが通常です。なお、遺言執行者がいない場合は、利害関係人が家庭裁判所にその選任を請求することができます（民法1010条。つまり遺言執行者の定めは強制ではなく、指定がなくても問題はありません。安心して任せられる人がいる場合のみ指定するとよいでしょう）。

【遺言執行者の指定　記載例】

二男である甲を遺言執行者に指定する場合

> 第○条　遺言者は、本遺言の遺言執行者として、二男　甲（昭和○年○月
> 　　　○日生）を指定する。

（注）遺言書に「二男」についての記載をするときは、戸籍上の表記である
　　　「二男」とするのが通常です。「次男」とは記載しません（二女も「次女」
　　　とは記載しないのが通常です）。

信託銀行を遺言執行者に指定する場合

> 第○条　遺言者は、本遺言の遺言執行者として、次の者を指定する。
>
> 東京都港区○○町○○
> ○○信託銀行　○○支店

（注）なお、遺言執行者を指定する際は、可能であれば指定される者の事前
　　　の承諾を得ておきましょう。遺言執行者の責任は非常に重く、執行の
　　　内容も複雑になることがあります。指定された者が後々に遺言の内容
　　　を知って驚いてしまわないようにするのが得策です。

※「相続させる」旨の遺言であれば、遺言執行者の指定がなくても問題
　はありませんが、「相続させる」旨の遺言でも、遺言執行者を指定す
　る場合はあります（後々の相続手続をスムーズに進めるため）。一方で、遺
　贈の場合は遺贈の履行を確実にするために、遺言執行者を指定するの
　が通常です。

遺言書作成前に知っておきたい「遺留分」

遺言書において財産の承継先を決める際は、「遺留分」を考慮した方がよい場合があります。遺留分を考慮して遺言書を作成することが、相続人間でのトラブル回避につながることがあるためです。

▌遺留分とは

遺留分は、相続人のうち兄弟姉妹以外の者に認められた**「最低限の相続分」**といえるものです。この遺留分を侵害された者は、認められた額に達するまで、受遺者等に金銭の請求をすることが可能です（具体例は右頁参照）。遺留分は、このように金銭請求を可能として、**兄弟姉妹（及び甥姪）以外の相続人の生活を保障するための制度**なのです。

▌遺留分を侵害する遺言でも無効なわけではない

遺言で遺留分を侵害された相続人がいたとしても、その遺言書が無効になるわけではありません。その相続人が、自らの遺留分を主張し、遺留分侵害額の請求をしたら、その相続人は金銭が得られます。一方で、遺留分を侵害されたと知っていながら、その遺言書の内容に納得し、遺留分侵害額の請求を受遺者等にしない人も現実にいます。つまり相続人の遺留分を侵害している遺言でも、その後まったく問題にならないケースもあるのです。

したがって、**遺留分を考慮した内容の遺言書を作成するかどうかは、遺言者が判断**しなければいけません。遺言者の死後、相続人間でトラブルになりそうかどうかを考え、記載内容を慎重に検討してください。

「遺留分侵害額請求」の概要

〈事例〉被相続人には子が３人いる。唯一の相続財産である自宅不動産が第
　　　三者に遺贈されたため、三男は遺留分が侵害されたとして、遺留分
　　　侵害額の請求を行う。

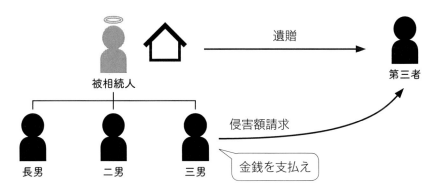

各相続人の遺留分

　各相続人の遺留分は次のように計算します。

総体的な遺留分の割合（注１）×その相続人の法定相続分（注２）
　　　＝その相続人の遺留分

（注１）「総体的な遺留分の割合」は、直系尊属のみが相続人である場合は３分の１、
　　　それ以外の場合（配偶者のみが相続人である場合、配偶者と子が相続人であ
　　　る場合、配偶者と直系尊属が相続人である場合など）は２分の１
（注２）民法900条及び901条の規定により算定したその各自の相続分のことを
　　　意味します。「巻末資料」114頁を参照してください。
（注３）兄弟姉妹の相続人には遺留分はありません。また、兄弟姉妹を代襲した相
　　　続人（被相続人の甥姪）にも遺留分はありません。

第3章・参考条文（民法）

（法定相続分）

第900条 同順位の相続人が数人あるときは、その相続分は、次の各号の定めるところによる。

 一　子及び配偶者が相続人であるときは、子の相続分及び配偶者の相続分は、各2分の1とする。

 二　配偶者及び直系尊属が相続人であるときは、配偶者の相続分は、3分の2とし、直系尊属の相続分は、3分の1とする。

 三　配偶者及び兄弟姉妹が相続人であるときは、配偶者の相続分は、4分の3とし、兄弟姉妹の相続分は、4分の1とする。

 四　子、直系尊属又は兄弟姉妹が数人あるときは、各自の相続分は、相等しいものとする。ただし、父母の一方のみを同じくする兄弟姉妹の相続分は、父母の双方を同じくする兄弟姉妹の相続分の2分の1とする。

（遺言による相続分の指定）

第902条 被相続人は、前2条の規定にかかわらず、遺言で、共同相続人の相続分を定め、又はこれを定めることを第三者に委託することができる。

2　被相続人が、共同相続人中の一人若しくは数人の相続分のみを定め、又はこれを第三者に定めさせたときは、他の共同相続人の相続分は、前2条の規定により定める。

（遺言執行者の選任）

第1010条 遺言執行者がないとき、又はなくなったときは、家庭裁判所は、利害関係人の請求によって、これを選任することができる。

（遺留分侵害額の請求）

第1046条 遺留分権利者及びその承継人は、受遺者（特定財産承継遺言により財産を承継し又は相続分の指定を受けた相続人を含む。以下この章において同じ。）又は受贈者に対し、遺留分侵害額に相当する金銭の支払を請求することができる。

2　（略）

第**4**章

遺言書保管制度の利用の仕方
～保管の申請～

- ●遺言書の保管申請時の流れ
- ●遺言書は A4 サイズで無封のもの
- ●遺言書の保管申請時に用意するもの
- ●遺言書の保管申請書、こう書く
- ●指定する者への通知の申出〈申出は任意〉
- ●手数料の支払いは収入印紙で
- ●遺言者の住民票を取得
- ●遺言者の戸籍及び戸籍の附票を取得
- ●添付書類の原本還付

遺言書の保管申請時の流れ

　遺言書保管所に遺言書の保管申請をするためには、どのように手続を進めればよいのでしょうか。第４章では、保管申請の仕方について解説しますが、まずは大まかな流れを紹介します。

■大きく分けると２段階

　遺言書の保管申請は、大きく分けると二つの段階から成ります。**保管申請の用意をする段階**と、**法務局とのやり取りをする段階**です。まずは自分自身で必要書類を収集し、遺言書・申請書を作成します。その後、法務局に予約を取り、保管申請に出向くことになります。詳しくは右頁の図を参照してください。

■保管申請の行い方

　遺言書の保管申請をする際は、右頁の図に従って進めましょう。それぞれのステップに書かれたページを確認し、一つずつ間違いのないように進めてください。

　なお、注意してほしいのは「[1]遺言書の作成」の段階です。[2]以降はいずれも手続的なことであり、機械的に進めれば問題はありませんが、遺言書の作成を間違うと、後々に遺言書が無効になってしまいます。**無効な遺言書にならないように、細心の注意を払ってください。**

（注）遺言書保管所で保管された遺言書だからといって遺言書が有効であると保証されるわけではありません。遺言書の有効無効は、最終的にはその効力が争われた場合に、裁判所が判断することです。

遺言書保管所での自筆証書の遺言書の保管申請の流れ

1 自筆証書の遺言書を作成する　62頁、36～57頁参照

民法968条に従って作成しなければなりません。ホチキス止めはしない。封筒は不要。※様式に従ったものであれば、保管制度開始前に作成した遺言書でも保管してもらうことができます。

2 保管申請する遺言書保管所を決める　18～21頁参照

保管申請ができる遺言書保管所は「遺言者の住所地」「遺言者の本籍地」「遺言者が所有する不動産の所在地」の遺言書保管所です。

3 添付書類を用意・申請書を作成　63頁、64～67頁参照

保管申請に必要な添付書類は63頁を参照してください。また、申請書は64～67頁の記載例を参考にしてください。※申請書の様式は「http://www.moj.go.jp/MINJI/minji06_00048.html」でダウンロードできます。「http://www.moj.go.jp/MINJI/minji06_00048.html」では、データ上で必要事項を入力し、プリントアウトすることができるため便利です（法務局の窓口に備え付けられている申請書に手書きして提出することも可能です）。

4 保管申請の予約をする　21頁参照

上記2の遺言書保管所のなかから一つを選び、予約をしてください。

5 遺言書保管所に出向き、保管の申請をする

持参するものは次のとおりです。

- 作成した遺言書
- 申請書（あらかじめ記入したもの）
- 添付書類（本籍地の記載のある住民票の写しなど）
- 本人確認書類（24頁）
- 印鑑
- 手数料（遺言書1通につき3,900円の収入印紙、70頁）

6 保管証を受領する　28～29頁参照

法務局から発行される保管証を受け取りましょう。

遺言書は A4 サイズで無封のもの

自筆証書の遺言書は、民法 968 条に則って作成しなければなりませんが、遺言書保管所で保管してもらうためには、民法以外にも作成のルールがあります。

■保管してもらう遺言書の形式

1　用紙は文字が明瞭に判読できる A4 サイズ（日本産業規格 A 列四番）の紙

2　縦置き又は横置きかを問わず、縦書き又は横書きかを問わない

3　各ページにページ番号を記載する

4　片面のみに記載する

5　数枚にわたるときであっても、とじ合わせない

6　下の図にあるように、遺言書には上下左右に空白を設ける必要がある（下の図の破線は、必要な余白を示すものであり、記載することを要しない）

7　封をしない（法 4 条 2 項）

省令別記第 1 号様式

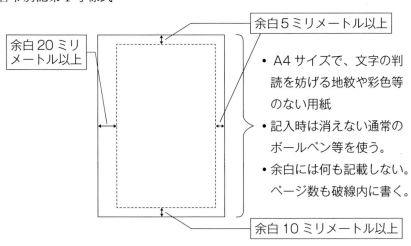

余白 5 ミリメートル以上

余白 20 ミリメートル以上

- A4 サイズで、文字の判読を妨げる地紋や彩色等のない用紙
- 記入時は消えない通常のボールペン等を使う。
- 余白には何も記載しない。ページ数も破線内に書く。

余白 10 ミリメートル以上

遺言書の保管申請時に用意するもの

ここでは保管申請時に持参する必要書類等を案内しますが、第2章の22頁を再掲します。

遺言書の保管申請時に持参するもの

遺言書保管所で遺言書の保管申請をする場合、遺言者は次のものを持参しなければなりません。

1　遺言書（ホチキス止めはしない、無封のもの、詳しくは前頁参照）
2　必要事項を記入した申請書（申請書記入例は65頁参照）
3　添付書類（下記参照）
4　手数料分の収入印紙（70頁参照）
5　印鑑（スタンプ印やいわゆるシャチハタでないものを持参）
6　本人確認資料（24頁参照）

「添付書類」とは

保管申請時は、添付書類として①又は②のものを用意しますが、①の方が取得は容易です（法4条5項、省令12条）。場合によっては③も用意します。

（注）官公署作成のものは、作成後3か月以内のもの。

①遺言者の住民票（本籍地及び戸籍筆頭者の氏名入り）
②遺言者の戸籍謄本及び戸籍の附票
※遺言者が外国人であれば、遺言者の氏名、出生年月日、住所及び国籍が分かる資料
③遺言書が外国語のときは、その遺言書の日本語翻訳文

遺言書の保管申請書、こう書く

遺言書を保管してもらうためには、保管申請書を提出しなければなりません（法4条4項）。ここではその保管申請書の書き方を解説します。

法律で求められている記載事項

記載しなければならないのは次の各事項です（法4条4項各号）。詳しくは 65 〜 67 頁を参照してください。

① 遺言書に記載されている作成の年月日

② 遺言者の氏名、出生の年月日、住所及び本籍（外国人にあっては、国籍）

③ 遺言書に次の者の記載があるときは、その氏名又は名称及び住所

　イ　受遺者

　ロ　民法第 1006 条第 1 項の規定により指定された遺言執行者

④ 上記①から③に掲げるもののほか、法務省令で定める事項（省令11条参照）

遺言書の保管番号を記載する場合もある

遺言書は一度しか作成できないということはありません。**何度も作成し直すことが可能**です。

民法 1023 条 1 項によると、前の遺言が後の遺言と抵触するときは、その抵触する部分については、後の遺言で前の遺言を撤回したものとみなされます。

すでに遺言書保管所で遺言書の保管をしてもらっている場合には、申請書に保管証（28 頁参照）に記載された保管番号を記入しましょう。

遺言書の保管申請書 ⅓

数字は右詰めで書く。数字が1桁の場合「0」は不要（8月は「08月」としない）。

別記第2号様式（第10条関係）

申請年月日 令和 ☐2 年 ☐8 月 1 1 日

遺言書保管所の名称	東京	(地方)法務局	八王子	支局・出張所

遺言書の保管申請書

【遺言者欄】※保管の申請をする遺言者の氏名，住所等を記入してください。また，該当する☐にはレ印を記入してください。

遺言書の作成年月日	1 1:令和/2:平成/3:昭和 ☐2 年 ☐8 月 1 0 日

遺言者の氏名	姓	法 務
	名	太 郎

濁点・半濁点（「ゴ」や「プ」等）は同じマスに記入する（2マス使わない）。

遺言者の氏名（フリガナ）	セイ	ホ ウ ム
	メイ	タ ロ ウ

遺言者の出生年月日	3 1:令和/2:平成/3:昭和/4:大正/5:明治 5 0 年 1 2 月 1 2 日

遺言者の住所	〒 1 9 2 - 0 3 6 4
都道府県市区町村大字丁目	東京都八王子市南大沢○丁目
番地	1 1 1 番 地
建物名	

遺言者の本籍	都道府県	東 京 都	市区町村	八 王 子 市
	大字丁目	南 大 沢 ○ 丁 目		
	番地	1 1 1 番 地		

筆頭者の氏名 （注）筆頭者が遺言者と異なる場合は，記入してください。	☑ 遺言者と同じ
	姓
	名

遺言者の国籍（国又は地域）（注）外国人の場合のみ記入してください。	コード ☐ ☐	国名・地域名

遺言者の電話番号 （注）ハイフン（-）は不要です。 0 4 2 1 2 3 4 5 6 7 ☐

巻末資料115頁参照

氏名・住所・本籍は公文書のとおり記入する。

1001

ページ数	1/4

遺言書の保管申請書 ⅔

【遺言者本人の確認・記入等欄】※以下の事項について，全て確認の上，記入してください。また，該
当する☐にはレ印を記入してください。

☐ 遺言者が所有する不動産の所在地を管轄する遺言書保管所に保管の申請をする。
(注)不動産の所在地を記入してください。

都道
府県 ☐☐☐☐ 　市区
町村 ☐☐☐☐☐☐☐☐☐☐☐☐

大字
丁目 ☐☐☐☐☐☐☐☐☐☐☐☐☐☐☐☐

番地 ☐☐☐☐☐☐☐☐☐☐☐☐☐☐☐☐

☑ 申請に係る遺言書は，私が作成した民法第968条の自筆証書による遺言書に相違ない。

☐ 現在，遺言書保管所に他の遺言書が保管されている。

① 他の遺言書が保管されている場合は，その保管番号を記入してください。
(注)複数ある場合には，備考欄に記入してください。

保管番号 H ☐☐☐☐ － ☐☐☐☐☐☐ － ☐☐☐☐☐☐☐☐ － ☐☐

② 上記①の遺言書が保管された後，氏名，出生年月日，住所，本籍（外国人にあっては，国籍（国又は地
域））又は筆頭者の氏名に変更があった場合は，その変更内容を記入してください。

変更内容 ☐

☐ 上記①の保管番号の遺言書について，上記②の変更内容に基づく変更届出を行う。
(注)変更を証する書類を添付してください。

手数料の額　金 3,900 円

遺言者の署名又は記名押印　　法 務　太 郎

> 記名の場合は押印も必要

備考欄

遺言書の総ページ数　　☐ 1 ☐　ページ

1002

| ページ数 | 2/4 |

※申請をする遺言書保管官の所属する遺言書保管所が遺言者の住所地及び本籍地を管轄し
ないとき（遺言者の作成した他の遺言書が現に遺言書保管所に保管されているときを除
く）は、遺言者が所有する不動産の所在地（当該遺言書保管所が管轄するものに限る）
を記載（省令 11 条 3 号）します。

※申請書は「http://www.moj.go.jp/MINJI/minji06_00048.html」でダウンロードする
か、遺言保管所の窓口に備え付けられています。他の申請書等も同じです。

遺言書の保管申請書³⁄₃

【受遺者等・遺言執行者等欄】※遺言書に記載している受遺者等又は遺言執行者等の氏名，住所等を記入
してください。また，該当する□にはレ印を記入してください。

受遺者等又は遺言執行者等の番号　　　`1`　番
(注)受遺者等又は遺言執行者等の全員に対して通し
番号を記入してください。

受遺者等又は遺言執行者等の別　　　☑受遺者等　　□遺言執行者等
(注)受遺者等と遺言執行者等を兼ねる場合は，両方
にレ印を記入してください。

氏名　　　　　　姓　`甲野`
(注)法人の場合
は，姓の欄に商
号又は名称を記　名　`一郎`
入してください。

住所　　　　　〒`173`-`0004`
(注)法人の場合
は，本店又は主　都道府県
たる事務所の所　市区町村　`東京都板橋区板橋○丁目`
在地を記入して　大字丁目
ください。

　　　　　　番地　`○`番`○`号

　　　　　　建物名

出生年月日　　　　`3`　1：令和／2：平成／3：昭和／4：大正／5：明治／　`61`年`10`月`26`日
(注)法人の場合は，記入不要です。　6：不明(注)6：不明の場合，年月日は記入不要です。

会社法人等番号
(注)法人の場合のみ記入
してください。

受遺者等又は遺言執行者等の番号　　　`2`　番
(注)受遺者等又は遺言執行者等の全員に対して通し
番号を記入してください。

受遺者等又は遺言執行者等の別　　　□受遺者等　　☑遺言執行者等
(注)受遺者等と遺言執行者等を兼ねる場合は，両方
にレ印を記入してください。

氏名　　　　　　姓　`乙崎`
(注)法人の場合
は，姓の欄に商
号又は名称を記　名　`和夫`
入してください。

住所　　　　　〒`183`-`0052`
(注)法人の場合
は，本店又は主　都道府県
たる事務所の所　市区町村　`東京都府中市新町○丁目`
在地を記入して　大字丁目
ください。

　　　　　　番地　`○`番`○`号

　　　　　　建物名

出生年月日　　　　`3`　1：令和／2：平成／3：昭和／4：大正／5：明治／　`62`年　`9`月`13`日
(注)法人の場合は，記入不要です。　6：不明(注)6：不明の場合，年月日は記入不要です。

会社法人等番号
(注)法人の場合のみ記入
してください。

> 69 頁の通知申請書（申出をする場合）、71 頁の
> 手数料納付用紙まで含めてページ数を記入する。

(注)記入欄が不足する場合は，用紙を追加してください。

`1003`

ページ数　`3/4`

指定する者への通知の申出
〈申出は任意〉

　遺言者の死後、法務局で保管された遺言の存在に誰も気がつかないのであれば、遺言者の最終の意思を尊重することはできません。

　このようなことを防ぐため、遺言者の死後に、指定する者に対し、法務局から遺言書が保管されていることを通知してもらうことができます。

■通知の申出制度

　遺言書の保管申請をした場合、遺言者は、遺言書保管官に「遺言書保管官が当該遺言者の死亡時に当該遺言者が指定する者に対し、当該遺言書を保管している旨を通知することの申出の有無」を確認されます（手続準則19条）。簡単にいうと、この申出をすれば、**遺言者の死後に、特定の者に遺言者が死亡した旨と法務局で遺言書が保管されている旨のお知らせが届くようになるのです**（この申出は任意です）。

■誰に通知が届く？

　申出をして通知が届くのは「遺言者が指定する者」であり、遺言者が指定できるのは次のうちの一人に限られます。

- 遺言者の推定相続人（相続が開始した場合に相続人になるべき者）
- 当該申請に係る遺言書に記載された受遺者等
- 当該申請に係る遺言書に記載された遺言執行者等

遺言執行者を通知先に指定する場合の例

別記第9号様式（第19条第2項関係）

【死亡時の通知の対象者欄】※死亡時の通知を希望する場合は，□にレ印を記入の上，①又は②のいずれか
を選択し，指定する通知対象者の氏名，住所等を記入してください。

☑ 死亡時の通知を希望するため，本申請書記載の私の氏名，出生年月日，本籍及び筆頭者の氏名の情報を遺言書保管
官が戸籍担当部局に提供すること，並びに私の死亡後，私の死亡の事実に関する情報を遺言書保管官が戸籍担当部
局から取得することに同意します。
（注）同意がある場合には，遺言書保管官が遺言者の死亡の事実に関する情報を取得し，当該遺言者があらかじめ指定する以下に記載の者に対して，
遺言書が保管されている旨の通知を行います。

① 受遺者等又は遺言執行者等を通知対象者に指定する場合

通知対象者に指定する受遺者等又は遺言執行者等の番号　　| 2 |番
（注）受遺者等又は遺言執行者等を通知対象者に指定する場合は，指定する
「受遺者等又は遺言執行者等の番号」を記入してください。

② 推定相続人を通知対象者に指定する場合

遺言者との続柄　　| | 1：配偶者／2：子／3：父母／4：兄弟姉妹／5：その他　（　　　　　　　）

氏名　　姓 | | | | | | | | | | | | | | | | | | | |

　　　　名 | | | | | | | | | | | | | | | | | | | |

住所　　〒 | | | | － | | | | |

都道府県
市区町村
大字丁目 | |

番地 | | | | | | | | | | | | | | | | | | | |

建物名 | | | | | | | | | | | | | | | | | | | |

（注）申立てによる死亡時の通知の対象者には，受遺者等，遺言執行者等又は推定相続人（相続が開始した場合に相続人となるべき者を
いう。）のうち1名のみを指定することができます。

> 推定相続人を通知対象者に指定する場合は
> こちらに記入

| 1004 |

手数料の支払いは収入印紙で

遺言書保管所で遺言書の保管申請をする際、手数料を支払う必要があります。手数料は収入印紙で納めます。

■ 手数料はいくら？

遺言書保管法で定められた各手続は、次の手数料で利用できます（保管申請以外の手数料もまとめて掲載します）。

申請・請求の種別	申請・請求者	手数料
遺言書の保管の申請	遺言者	1件につき、3,900円
遺言書の閲覧の請求（モニター）	遺言者 関係相続人等	1回につき、1,400円
遺言書の閲覧の請求（原本）	遺言者 関係相続人等	1回につき、1,700円
遺言書情報証明書の交付請求	関係相続人等	1通につき、1,400円
遺言書保管事実証明書の交付請求	関係相続人等	1通につき、800円
申請書等・撤回書等の閲覧の請求	遺言者 関係相続人等	一の申請に関する申請書等又は一の撤回に関する撤回書等につき、1,700円

※令和2年政令第55号
（注）遺言書の保管申請の撤回及び変更の届出については手数料はかかりません。

■ 収入印紙で納める

手数料は、収入印紙で納めなければなりません（法12条2項）。収入印紙は、手数料納付用紙に貼り付けて提出します（省令52条1項）。なお、収入印紙は郵便局だけでなく、法務局でも購入できます。

手数料納付用紙

別記第12号様式（第52条第1項関係）

手数料納付用紙

東　京　(地方)法務局 八王子 支局・出張所　御中

（申請人・請求人の表示）

住所　東京都八王子市南大沢

　　　○丁目111番地

氏名又は名称　　法務太郎

（法定代理人の表示）

住所

氏名

（その他）

納付金額　　　　3,900　　　　円

年　月　日	担　当

- - - - - - 印紙貼付欄 - - - - - -

収入印紙は，割印をしないで，印紙貼付欄に
貼り付けてください。

印　紙
3000円

印　紙
600円

印　紙
300円

※印紙の組み合わせは自由です。
　たとえば「1,000円の印紙×3枚、
　300円の印紙×3枚」でも構いません。

ページ数	4/4

遺言者の住民票を取得

遺言書の保管申請時には、遺言者自らの住民票（本籍地・戸籍筆頭者の氏名入り）を提出します。

■住民票は郵送でも取得可能

住民登録している役所に出向くことが難しければ、住民票は郵送でも取得できます。以下のものを同封して、役所の担当部署に送ります。

1 　取得請求用紙（各役所のホームページからプリントアウトするなど）
2 　定額小為替（郵便局で購入し、手数料として必要な分を同封）
3 　取得者の本人確認書類（運転免許証等）のコピー
4 　取得者の住所を記載した返信用封筒（切手を貼って同封）

■郵送請求のときの「定額小為替」とは

「定額小為替」とは、現金の代わりに同封するものです（普通郵便では現金を送ることはできません）。

「定額小為替」は郵便局で購入できます。住民票の取得に必要な手数料分を同封して、送るようにしましょう（なお、定額小為替を多めに同封しても、お釣り分は、役所から送付される返信用封筒に同封して返してもらえるのが一般的ですが、お釣りのでないようにするに越したことはありません）。

遺言者の戸籍及び戸籍の附票を取得

遺言書の保管申請時においては、住民票（本籍地・戸籍筆頭者の氏名入り）ではなく、戸籍謄本及び戸籍の附票を提出することも可能です。

■戸籍の附票とは

戸籍の附票とは、戸籍とセットで作成されるもので、戸籍に載っている者の住所が記載されています（戸籍本体には住所は記載されません）。

■戸籍及び戸籍の附票は郵送でも取得可能

戸籍及び戸籍附票は本籍地の役所で取得しますが、役所に出向くことが難しければ、郵送で取得することも可能です。郵送で取得する際に必要なものは、前頁にある書類と同様です。

■全部事項証明書（いわゆる謄本）

戸籍には、全部事項証明書（いわゆる謄本）と一部事項証明書（いわゆる抄本）があります。謄本は、戸籍に在籍している者すべての記載があります。**謄本は当然ですが抄本の内容をすべて含むものであるため、謄本を取得して法務局に提出すればよいでしょう。**

（注）一般的には住民票の方が取得しやすいのと、法務省による添付書類の案内では住民票が例として出されているため、戸籍及び戸籍の附票ではなく住民票を用意することをおすすめします。

添付書類の原本還付

申請書に添付した住民票等の添付書類は、所定の手続を経ることで原本の還付を受けることができます（省令8条）。他の手続に住民票等を使いたいときなど、原本還付の手続をすればよいでしょう。

■ 原本還付ができる場面

遺言書の保管申請の場合を含め、添付書類の原本還付を受けられるのは次の場面です（省令8条、7条、政令10条1項、省令3条2項2号参照）。

- 遺言書の保管申請（法4条1項）
- 遺言者の住所等の変更の届出（令3条1項）
- 遺言書の保管の申請の撤回（法8条1項）
- 遺言書の閲覧請求、遺言書情報証明書の交付請求、関係相続人による関係遺言書の閲覧請求、遺言書保管事実証明書の交付請求、遺言者による遺言書保管ファイルの記録の閲覧請求、関係相続人等による遺言書保管ファイルの記録の閲覧請求、申請書等・撤回書等の閲覧請求

■ 原本還付の仕方

原本の還付を請求する場合は、原本還付を受けたい書類の謄本（コピー）に、原本と相違ない旨を記載し、その謄本を提出しなければなりません（省令8条2項）

原本還付の例 （あくまで一例です）

省令8条2項によると、原本還付を受けたい添付書類は次のようにします。

① 原本還付を受けたい書類の謄本（コピー）を用意する
② 原本と相違ない旨の記載をする

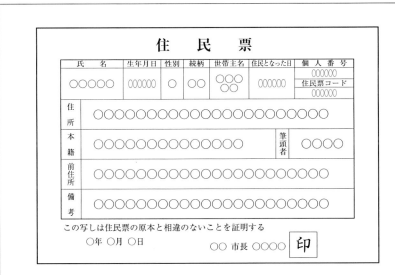

（注）原本還付を受ける際は、謄本だけでなく書類の原本も持参する必要があります。

（注）法務局における他の手続（たとえば登記手続き）では、原本還付を受ける際は謄本に申請者の記名押印を要することがあります。遺言書保管制度においては、申請時に印鑑を持参し、窓口でそのような対応が必要か否か確認するとよいでしょう。

第4章・参考条文 （法務局における遺言書の保管等に関する法律）

（遺言書の保管の申請）

第4条　遺言者は、遺言書保管官に対し、遺言書の保管の申請をすることができる。

2　前項の遺言書は、法務省令で定める様式に従って作成した無封のものでなければならない。

3　第1項の申請は、遺言者の住所地若しくは本籍地又は遺言者が所有する不動産の所在地を管轄する遺言書保管所（遺言者の作成した他の遺言書が現に遺言書保管所に保管されている場合にあっては、当該他の遺言書が保管されている遺言書保管所）の遺言書保管官に対してしなければならない。

4　第1項の申請をしようとする遺言者は、法務省令で定めるところにより、遺言書に添えて、次に掲げる事項を記載した申請書を遺言書保管官に提出しなければならない。

一　遺言書に記載されている作成の年月日

二　遺言者の氏名、出生の年月日、住所及び本籍（外国人にあっては、国籍）

三　遺言書に次に掲げる者の記載があるときは、その氏名又は名称及び住所

　イ　受遺者

　ロ　民法第1006条第1項の規定により指定された遺言執行者

四　前3号に掲げるもののほか、法務省令で定める事項

5　前項の申請書には、同項第2号に掲げる事項を証明する書類その他法務省令で定める書類を添付しなければならない。

6　遺言者が第1項の申請をするときは、遺言書保管所に自ら出頭して行わなければならない。

（手数料）

第12条　次の各号に掲げる者は、物価の状況のほか、当該各号に定める事務に要する実費を考慮して政令で定める額の手数料を納めなければならない。

一　遺言書の保管の申請をする者　遺言書の保管及び遺言書に係る情報の管理に関する事務

二　遺言書の閲覧を請求する者　遺言書の閲覧及びそのための体制の整備に関する事務

三　遺言書情報証明書又は遺言書保管事実証明書の交付を請求する者　遺言書情報証明書又は遺言書保管事実証明書の交付及びそのための体制の整備に関する事務

2　前項の手数料の納付は、収入印紙をもってしなければならない。

第5章

遺言書保管制度の利用の仕方
～保管後の取扱い～

- ●遺言書の保管後にできること
- ●保管申請後、住所等の変更事項は届け出る
- ●遺言者は、保管された遺言書を閲覧できる
- ●遺言書保管の申請撤回
- ●「関係遺言書」保管の有無確認～遺言書保管事実証明書～
- ●「関係遺言書」の内容を確認～遺言書情報証明書～
- ●関係相続人等による関係遺言の閲覧請求
- ●遺言書保管官による関係遺言書保管通知
- ●特別の場合は、申請書・撤回書等の閲覧も可能

遺言書の保管後にできること

　第5章では、遺言書保管所での保管開始後に、しなければならないことやできることをまとめます。遺言書の保管が開始された後に遺言者として生じる義務や、保管されたからこそできることがあるのです。まずは、その概要を解説します。

■保管後に「しなければならないこと」

　遺言書保管所で遺言書を保管してもらった遺言者は、その**氏名や住所等に変更があったときは、その変更を遺言書保管官に届け出なければなりません**（政令3条）。これは、遺言書保管後における遺言者の義務なのです。

■保管後に「できること」

　遺言書保管所での遺言書の保管が開始された後は、遺言者はその**遺言書を閲覧したり、その保管を撤回したりすることが可能**です。

　また、遺言者本人ではなく、たとえばその相続人が遺言者の死後に遺言書を閲覧したり、**証明書（遺言書保管事実証明書・遺言書情報証明書）の発行を受ける**ことで、自らに関係する遺言書の有無やその内容を知ることが可能になります。

　特に証明書（遺言書保管事実証明書・遺言書情報証明書）は大変に便利です。これらの発行を受けることで、公正証書の遺言書で認められていた、いわゆる「遺言検索」が、自筆証書の遺言書でも可能になったといえるのです。

保管開始後にしなければならないこと・できること　まとめ

【しなければならないこと】

1　氏名や住所等の変更の届出　80 ～ 83 頁参照

遺言書保管所で遺言書を保管している場合に、その遺言者の氏名や住所等が変わったら、遺言書保管官に、その旨の届出が必要です（政令3条）。

【できること】

1　遺言書の閲覧　84 ～ 85 頁参照

遺言者は、保管してもらった遺言書を閲覧することができます（法6条）。

2　遺言書の保管申請の撤回　86 ～ 87 頁参照

遺言者は、いつでも遺言書の保管の申請を撤回し、遺言書保管所での保管を中断することが可能です（法8条1項）。

3　遺言書保管事実証明書の発行　88 ～ 91 頁参照

遺言者の死後に、誰でも、自らに関係する遺言書の保管の有無を調べるべく、遺言書保管事実証明書の交付を請求できます（法10条）。

4　遺言書情報証明書の発行　92 ～ 97 頁参照

関係相続人等（116頁参照）は、遺言者の死後に、遺言書情報証明書の発行を請求し、遺言書の内容等を知ることが可能です。

5　関係相続人等の遺言書の閲覧　98 ～ 101 頁参照

関係相続人等（116頁参照）は、遺言者の死後に、遺言書を閲覧することができます。

6　申請書や撤回書の閲覧　103 ～ 108 頁参照

遺言者等は、遺言書の保管申請等をした場合、特別の事由があるときは、その申請書等の閲覧請求が可能です（政令10条参照）。

保管申請後、
住所等の変更事項は届け出る

遺言書が遺言書保管所に保管されている場合に、遺言者の住所等に変更があった際は、その旨を遺言書保管官に届け出なければなりません。

■ 変更届出が必要な場合

遺言者は、遺言書が遺言書保管所に保管されている場合において、**次の事項に変更が生じたときは、すみやかに、その旨を遺言書保管官に届け出なければなりません**（政令3条1項、省令30条参照）。変更届出には手数料はかかりません。

- 遺言者の氏名、出生年月日、住所及び本籍（外国人にあっては、国籍）
- 受遺者の氏名又は名称及び住所
- 遺言執行者の氏名又は名称及び住所
- 遺言者の戸籍の筆頭に記載された者の氏名
- 民法781条2項の規定により認知するものとされた子等の氏名及び住所など（省令11条5号参照）

■ 変更届出をする者・届出の仕方

遺言者（又はその親権者や成年後見人等の法定代理人）が届出をします。変更届出は、どこの遺言書保管所の遺言書保管官に対してもすることができます（政令3条2項）。また、変更の届出は郵送で行うことも可能です。変更の届出をするには遺言書保管所に連絡を入れ、その予約をしましょう。

■提出が必要な書類

　変更を届け出る際は、届出書と次の添付書類を提出します（政令3条3項、省令29条、30条2項）。

- 遺言者の氏名、出生年月日、住所及び本籍（外国人にあっては、国籍）が変わった際は、その変更が生じたことを証明する書類（注）

（注）遺言者本人以外の氏名や住所等に変更が生じた場合は、それを証する書面の提出は不要です。

- 遺言者の戸籍の筆頭に記載された者の氏名が変わった際は、その変更が生じたことを証明する書類
- 法定代理人によって届出をするときは、戸籍謄本その他その資格を証明する書類で作成後三月以内のもの
- 届出人の本人確認書類のコピー（原本と相違がない旨を記載）

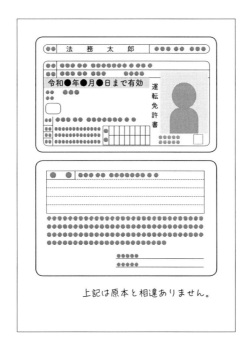

変更届出書 ½

別記第6号様式（第28条第1項関係）

届出年月日 令和 ☐2 年 10 月 20 日

届出先の遺言書保管所の名称　　東　京　（地方）法務局　八王子　支局・出張所

変更届出書

【届出人等欄】※変更の届出をする遺言者の氏名，住所等を記入してください。また，該当する☐にはレ印を記入してください。

届出人（遺言者）の氏名	セイ	ホウム
	姓	法務
	メイ	タロウ
	名	太郎

届出人（遺言者）の出生年月日　3　1：令和/2：平成/3：昭和/4：大正/5：明治　50 年 12 月 12 日

届出人（遺言者）の住所　〒 192 - 0364

都道府県市区町村大字丁目　東京都八王子市南大沢○丁目

番地　1 1 1 番 地

建物名

届出人（遺言者）の本籍　都道府県　東 京 都　市区町村　八 王 子 市

大字丁目　南 大 沢 ○ 丁 目

番地　1 1 1 番 地

届出人（遺言者）の国籍（国又は地域）　コード ☐☐　国名・地域名
(注)外国人の場合のみ記入してください。

☐ 法定代理人による届出の有無
(注)法定代理人による届出の場合には，レ印を記入してください。
法定代理人の氏名及び住所

届出人（遺言者）又は法定代理人の電話番号　0 4 2 1 2 3 4 5 6 7
(注)ハイフン（－）は不要です。

遺言書が保管されている遺言書保管所の名称　　東　京　（地方）法務局　八王子　支局・出張所

変更対象の遺言書の保管番号　(注)変更対象の遺言書の保管番号を全て記入してください。
3通以上ある場合には備考欄に記入してください。

保管番号 H ○○○○ - ○○○○○○ - ○○○○○○ - ○○

H ☐☐☐☐ - ☐☐☐☐☐☐ - ☐☐☐☐☐☐ - ☐☐

3001

ページ数　1 ／ 2

【変更内容欄】※変更が生じた内容を記入してください。

1	① 対象	2	1：遺言者／2：受遺者等／3：遺言執行者等／4：その他
	② 内容	3	1：氏名（商号又は名称）／2：出生年月日／3：住所（本店又は主たる事務所の所在地）／4：本籍／ 5：筆頭者の氏名／6：国籍（国又は地域）／7：会社法人等番号／8：その他
	③ 氏名 姓	甲 野	
	名	一 郎	
	④ 変更年月日 令和	2 年 10 月 19 日	
	⑤ 変更前	〒 173-0004 東京都板橋区板橋○丁目○○	
	⑥ 変更後	〒 112-0011 東京都文京区千石○丁目○○	

2	① 対象		1：遺言者／2：受遺者等／3：遺言執行者等／4：その他
	② 内容		1：氏名（商号又は名称）／2：出生年月日／3：住所（本店又は主たる事務所の所在地）／4：本籍／ 5：筆頭者の氏名／6：国籍（国又は地域）／7：会社法人等番号／8：その他
	③ 氏名 姓		
	名		
	④ 変更年月日 令和	年 月 日	
	⑤ 変更前		
	⑥ 変更後		

届出人（遺言者）
又は法定代理人の
署名又は記名押印　　　法務　太郎

記名の場合は押印も必要

備考欄

3002

ページ数　2／2

※届出書は「http://www.moj.go.jp/MINJI/minji06_00048.html」で
ダウンロードするか、遺言書保管所の窓口に備え付けられています。
他の申請書等も同様です。

遺言者は、
保管された遺言書を閲覧できる

ここからは遺言書が遺言書保管所で保管された後に「できること」について解説します。まずは、遺言者による遺言書の閲覧についてです。

遺言書の閲覧（原本）

遺言者本人は、その申請に係る遺言書が保管されている遺言書保管所（これを「特定遺言書保管所」といいます）の遺言書保管官に対し、右頁の請求書を提出し、手数料を納付すれば、いつでも遺言書の閲覧を請求することが可能です（法6条2項3項）。遺言書の原本を閲覧する際の手数料は、1,700円（収入印紙で納付）です。

なお、この**閲覧の請求は、遺言者が特定遺言書保管所に自ら出頭して行わなければならず**、その際には本人確認がなされます（法6条4項、5条）。したがって運転免許証等の顔写真付きの本人確認書類等（24頁参照）を提示しなければなりません。本人確認の後、遺言書保管官等の面前で、遺言書を閲覧することが可能になります（省令22条）。

※閲覧の請求をする際は、事前の予約が必要です。

※請求書と本人確認書類等を持参します。その他の書類は不要です。

遺言書保管ファイルの記録の閲覧（モニターによる閲覧）

遺言書保管所では、遺言書の情報がデータでも管理されていますが、遺言者であればこのデータ（正確には、遺言書保管ファイルの記録が表示されたもの）の閲覧請求も可能です（政令4条1項）。手続はほとんど上記の「遺言書の閲覧」と同様ですが、違いは、**特定遺言書保管所以外の遺言書保管所でも閲覧の請求ができること**（政令4条2項）と、手数料が1,400円であることです。

遺言書の閲覧の請求書（遺言者用）

別記第4号様式（第21条第1項関係）　　　　請求年月日　令和　☐　2　年　1　1　月　1　0　日

請求先の遺言書保管所の名称　　東　京　（地方）法務局　八王子　支局・出張所

遺言書の閲覧の請求書（遺言者用）

【請求人欄】※請求人の氏名，住所等を記入してください。

請求人（遺言者）の氏名	セイ	ホウム
	姓	法　務
	メイ	タロウ
	名	太　郎

請求人（遺言者）の出生年月日　3　1：令和／2：平成／3：昭和／4：大正／5：明治　5　0　年　1　2　月　1　2　日

【請求対象の遺言書欄】※閲覧を請求する遺言書の保管番号等を記入してください。また，該当する☐にはレ印を記入してください。

遺言書が保管されている遺言書保管所の名称　　東　京　（地方）法務局　八王子　支局・出張所

請求対象の遺言書の保管番号
（注）請求対象の遺言書の保管番号を記入してください（複数ある場合は全て記入してください。）。
3通以上ある場合には備考欄に記入してください。

保管番号　H ☐☐☐☐ － ☐☐☐☐☐ － ☐☐☐☐☐ － ☐☐
　　　　　H ☐☐☐☐ － ☐☐☐☐☐ － ☐☐☐☐☐ － ☐☐

希望する閲覧の方法　☐ モニターによる遺言書保管ファイルの記録の閲覧　　☑ 遺言書の閲覧

手数料の額　遺言書保管ファイルの記録の閲覧
　　　　　　遺言書の閲覧

> いずれかを選択

請求人（遺言者）の署名又は記名押印　　法　務　太　郎

> 記名の場合は押印も必要

備考欄

遺言書保管の申請撤回

遺言書保管所での遺言書の保管は、遺言者本人の意思によって、その保管をやめることが可能です。なお、保管申請の撤回は遺言そのものの撤回とは異なります。**保管申請の撤回をしても、遺言の効力とは関係がありません。**

■遺言書の保管を中止する

遺言者本人は、その申請に係る遺言書が保管されている遺言書保管所（特定遺言書保管所）の遺言書保管官に対し、いつでも遺言書の保管の申請を撤回することが可能です（法8条1項）。保管申請の撤回をしても、遺言の効力とは関係がありません。

撤回の際は右頁にある撤回書と下記の書類を用意して、特定遺言書保管所に自ら出頭しなければなりません（法8条2項3項）。その際、本人確認書類等の提示が必要です（法8条3項、法5条）。

- 遺言者の氏名、住所、生年月日及び本籍（外国人にあっては、国籍）に変更があり、その届出（80頁）がない場合は、その変更を証する書類（省令26条）

※撤回の手続は、事前の予約が必要です。
※撤回には手数料はかかりません。

■遺言書の保管を撤回したら

撤回後は、遺言書保管官は遺言者に対して遺言書を返還し、遺言書のデータ情報（遺言書保管ファイルの記録）を消去します（法8条4項）。

遺言書の保管の申請の撤回書

別記第5号様式（第25条第1項関係）　撤回年月日 令和 ☐2 年 11 月 11 日

保管先の遺言書保管所の名称　東　京　(地方)法務局　八王子　支局・出張所

遺言書の保管の申請の撤回書

【遺言者欄】※保管の申請を撤回する遺言者の氏名，住所等を記入してください。

撤回をする者 （遺言者）の氏名	セ	ホウム
	姓	法　務
	メ	タロウ
	名	太　郎

撤回をする者
（遺言者）の出生年月日　☐3　1：令和／2：平成／3：昭和／4：大正／5：明治　50 年 12 月 12 日

【撤回対象の遺言書欄】※以下の事項について，全て確認の上，記入してください。

本撤回書において保管の申請を撤回する遺言書は，遺言者が遺言書保管所に保管している全ての遺言書か，それとも一部の遺言書か。

☐1　1：全部の遺言書／2：一部の遺言書

撤回対象の遺言書の保管番号
(注)撤回対象の遺言書の保管番号を全て記入してください（複数ある場合は全て記入してください。）。3通以上ある場合には備考欄に記入してください。

保管番号　H ☐☐☐☐ － ☐☐☐☐☐☐ － ☐☐☐☐☐☐☐☐ － ☐☐

H ☐☐☐☐ － ☐☐☐☐☐☐ － ☐☐☐☐☐☐☐☐ － ☐☐

遺言書が保管された後，氏名，出生年月日，住所，本籍（外国人にあっては，国籍（国又は地域））又は筆頭者の氏名に変更があった場合は，その変更内容を記入してください。
(注)変更を証する書類を添付してください。

変更内容	

> 保管された遺言書が一通の場合も「1」を選択

撤回をする者 （遺言者）の署名又は記名押印	法　務　太　郎
備考欄	

> 記名の場合は押印も必要

「関係遺言書」保管の有無確認
〜遺言書保管事実証明書〜

たとえば自分の父親が死亡した場合に、遺言書保管所で遺言書が保管されているかどうか、ということから確認することが可能です。

■前提：「関係相続人等」「関係遺言書」とは

自分自身が「関係相続人等」に該当する遺言書のことを「関係遺言書」といいます（法9条1項2項）。そして関係相続人等の一例を挙げると、次の者を指します（関係相続人等の詳細は「巻末資料」116頁をご覧ください）。

- 当該遺言書の保管を申請した遺言書の相続人（相続欠格者又は廃除された者及び相続放棄者を含む）
- 受遺者、遺言により認知するものとされた子、遺言執行者

■保管の有無、保管されている場合は情報開示を受けられる

誰でも、遺言者の死後に、遺言書保管所における「関係遺言書（簡単に述べると、自分自身が相続人になっていたり、受遺者や遺言執行者として遺言に登場する場合などの遺言書）」の**保管の有無**並びに当該関係遺言書が保管されている場合には、遺言書保管ファイルに記録されている一定の事項を証明した書面「**遺言書保管事実証明書**」の交付を請求することが可能です（法10条）。なお、これには手数料800円がかかります。

※この請求は、全国どこの遺言書保管所の遺言書保管官に対してもすることが可能です（法10条2項、9条2項）。

※遺言書保管事実証明書の交付請求は、事前の予約が必要です。

※遺言書保管事実証明書は、窓口だけでなく、郵送による交付の請求も可能です（自分の住所を記載した返信用封筒と返信用切手が必要）。

保管されている場合は情報開示を受けられる

〈事例〉法務太郎は生前に遺言書を作成して法務局にその保管の申請をした
　　　　旨をにおわせていた。法務太郎の死後、その弟であり相続人である
　　　　法務次郎は、最寄りの遺言書保管所で、法務太郎の遺言の保管の有
　　　　無、そして保管されている場合は、一定の情報の開示を求めた。

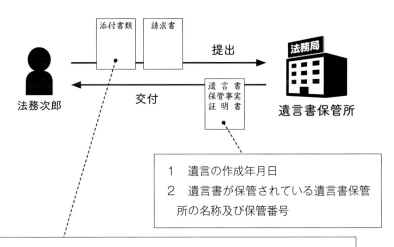

1　遺言の作成年月日
2　遺言書が保管されている遺言書保管
　所の名称及び保管番号

省令44条1項各号
- 遺言者の死亡を証する書面（戸籍謄本・除籍謄本）
- 請求人の氏名及び住所と同一の氏名及び住所が記載されている市町村長
　その他の公務員が職務上作成した証明書（たとえば住民票の写し）（当
　該請求人が原本と相違がない旨を記載した謄本を含む）
- 遺言書の保管を申請した遺言者の相続人に該当することを理由に請求す
　る場合は、その相続人に該当することを証する書面（戸籍謄本等）
- 請求人が法人であるときは、代表者の資格を証明する書類で作成後三月
　以内のもの（代表者事項証明書・会社の履歴事項全部証明書等）
- 法定代理人によって請求するときは、戸籍謄本その他その資格を証明す
　る書類で作成後三月以内のもの（戸籍謄本・後見の登記事項証明書）
- （請求人が法第9条第1項第2号に規定する相続人に該当することを理由
　として請求する場合は、当該相続人に該当することを証明する書類）

※本人確認資料も必要です。

遺言書保管事実証明書の交付請求書½

別記第10号様式（第43条第1項関係）　　　　請求年月日 令和 ☐2 年 ☐12 月 ☐3 日

請求先の遺言書保管所の名称　| 東　京 | （地方）法務局 | 八王子 | 支局・出張所

遺言書保管事実証明書の交付請求書

【請求人欄】※請求人の氏名，住所等を記入してください（太線枠内を複写して証明書を作成する場合があるため，字画をはっきりと記入してください。）。また，該当する☐にはレ印を記入してください。

請求人の資格　| 1 | 1：相続人／2：相続人以外

請求人の氏名又は名称　姓 | 法 | 務 |

名 | 次 | 郎 |

請求人の住所　〒 | 1 | 9 | 2 | － | 0 | 3 | 6 | 4

都道府県
市区町村
大字丁目　| 東京都八王子市南大沢○丁目

番地　| 1 | 1 | 2 | 番 | 地

建物名

(注) 1．法人の場合は，「請求人の氏名又は名称」の姓の欄に商号又は名称，「請求人の住所」に本店又は主たる事務所の所在地を記入してください。
　　 2．記入枠が足りない場合には，太線枠内の余白に記入してください。

請求人の出生年月日　| 3 | 1：令和／2：平成／3：昭和／4：大正／5：明治　| 5 | 3 | 年 | 1 | 1 | 月 | 1 | 9 | 日

(注)法人の場合は，記入不要です。

請求人の会社法人等番号

(注)法人の場合のみ記入してください。

☐ 法定代理人による請求の有無
(注)法定代理人による請求の場合には，レ印を記入してください。
法定代理人の氏名及び住所

請求人又は法定代理人の電話番号　| 0 | 4 | 2 | 7 | 6 | 5 | 4 | 3 | 2 | 1
(注)ハイフン(－)は不要です。

請求人又は法定代理人の署名又は記名押印　| 法　務　　次　郎

備考欄　| 記名の場合は押印も必要

| 6001 |　　　　　　　　　| ページ数 | 1／3

90

【請求対象の遺言書欄】※請求対象の遺言書の保管番号等を記入してください（太線枠内を複写して証明書を作成する場合があるため，字画をはっきりと記入してください。）。

遺言者の氏名	セイ	ホウム
	姓	法 務
	メイ	タロウ
	名	太 郎

遺言者の 出生の年月日	３ 1：令和／2：平成／3：昭和／4：大正／5：明治	５０ 年 １２ 月 １２ 日

(注) 記入枠が足りない場合には，太線枠内の余白に記入してください。

遺言者の住所	〒 １９２ － ０３６４
都道府県 市区町村 大字丁目	東京都八王子市南大沢○丁目
番地	１１１ 番 地
建物名	

遺言者の本籍	都道府県	東 京 都	市区町村	八 王 子 市
	大字丁目	南 大 沢 ○ 丁 目		
	番地	１１１ 番 地		

遺言者の 国籍（国又は地域）	コード □□	国名・地域名

(注) 外国人の場合のみ記入してください。

遺言者の死亡年月日	令和 ２ 年 １１ 月 ２０ 日

遺言書が保管されている 遺言保管所の名称	東 京	(地方)法務局	八王子	支局・出張所

保管されている 遺言書の保管番号	(注) 保管されている遺言書の保管番号を記入してください（複数ある場合は全て記入してください）。 2 通以上ある場合には，備考欄に記入してください。

H○○○○ － ○○○○○○ － ○○○○○○○○ － ○○

請求通数	１ 通
手数料の額	８００ 円

> 手数料納付用紙まで含めた通し番号を記載

6002

※関係遺言書保管通知（102頁参照）の書面の写しを添付したときは、別記第10号様式の請求書には、遺言者の最後の住所、本籍及び死亡の年月日の記載を要しない、かつ、遺言者の死亡を証する書面の添付を要しない（省令44条2項）。

「関係遺言書」の内容を確認
～遺言書情報証明書～

関係相続人等は、遺言書保管官に対して、保管されている遺言の「内容」について情報の開示を請求することが可能です。

■遺言書情報証明書

「関係相続人等（116頁）」は遺言者の死後、遺言書保管ファイルに記録されている事項を証明した書面「遺言書情報証明書」の交付を請求することが可能です（この請求には手数料1,400円がかかります）（法9条参照）。

※この請求は、全国どこの遺言書保管所の遺言書保管官に対してもすることが可能です（法9条2項）。

※遺言書情報証明書の交付請求は、事前の予約が必要です。

※遺言書情報証明書は、窓口だけでなく、郵送による交付の請求も可能です（自分の住所を記載した返信用封筒と返信用切手が必要）。

※遺言書情報証明書は、登記や各種手続に利用できます。

■遺言書情報証明書に記載されるのは何？

遺言書情報証明書に記載されるのは、遺言書保管ファイルに記録された事項等であり、たとえば次の事項等です（省令35条）。

1　遺言書の画像情報
2　遺言者の氏名、出生年月日、住所及び本籍（外国人にあって国籍）
3　受遺者、遺言執行者等の氏名又は名称及び住所

つまりは**遺言書保管事実証明書（88頁参照）で遺言書の有無を確認し、遺言書情報証明書で遺言書の内容が確認できる**のです。

保管されている遺言の「内容」について情報の開示を請求

〈事例〉法務太郎の相続人である法務次郎は、法務太郎が生前に遺言書保管
所に遺言書の保管申請をしていたことを知り、その内容を知るため、
遺言書情報証明書の交付請求をする。

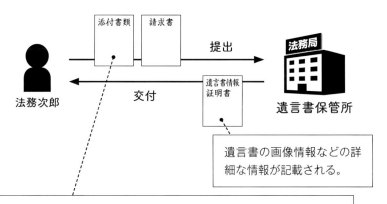

遺言書の画像情報などの詳
細な情報が記載される。

省令34条1項各号
- 遺言者を被相続人とする法定相続情報一覧図の写し又は相続関係を証する戸籍等の謄本一式（たとえば被相続人の出生から死亡までのもの、各相続人の現在の戸籍）
- 遺言者の全ての相続人の住所を証明する書類（官庁又は公署の作成したものは、その作成後三月以内のものに限る）
- 請求人の氏名及び住所が記載された市区町村長その他の公務員が職務上作成した証明書（たとえば住民票の写し）（当該請求人が原本と相違ない旨を記載した謄本を含む）
- 遺言書の保管を申請した遺言者の相続人に該当することを理由に請求する場合は、その相続人に該当することを証する書面（戸籍謄本等）
- 請求人が法人であるときは、代表者の資格を証明する書類で作成後三月以内のもの（代表者事項証明書・会社の履歴事項全部証明書等）
- 法定代理人によって請求するときは、戸籍謄本その他その資格を証明する書類で作成後三月以内のもの（戸籍謄本・後見の登記事項証明書）
- （・請求人が法第9条第1項第2号に規定する相続人に該当することを理由として請求する場合は、当該相続人に該当することを証明する書類）

※本人確認資料も必要です。

※関係遺言書保管通知（102頁）を受けた方が請求する場合等は、上記の添付書類は不要です（省令34条2項参照）。

遺言書情報証明書の交付請求書¼

別記第8号様式（第33条第1項関係）　請求年月日 令和 ☐2 年 12 月 ☐3 日

請求先の遺言書保管所の名称 | 東京 |（地方）法務局| 八王子 |支局・出張所

遺言書情報証明書の交付請求書

【請求人欄】※請求人の氏名，住所等を記入してください。また，該当する☐にはレ印を記入してください。

| 請求人の資格 | 1 | 1：相続人／2：相続人以外 |

請求人の氏名
(注)法人の場合は，姓の欄に商号又は名称を記入してください。

姓 法 務
名 次 郎

請求人の出生年月日
(注)法人の場合は，記入不要です。

3 1：令和／2：平成／3：昭和／4：大正／5：明治　53 年 11 月 19 日

請求人の会社法人等番号
(注)法人の場合のみ記入してください。

請求人の住所 〒192-0364
(注)法人の場合は，本店又は主たる事務所の所在地を記入してください。

都道府県市区町村大字丁目 東京都八王子市南大沢○丁目

番地 112 番地

建物名

☐ **法定代理人による請求の有無**
(注)法定代理人による請求の場合には，レ印を記入してください。
法定代理人の氏名及び住所

請求人又は法定代理人の電話番号
(注)ハイフン(−)は不要です。

0427654321

5001

手数料納付用紙まで含めた通し番号を記載

| ページ数 | 1／5 |

94

遺言書情報証明書の交付請求書²⁄₄

【請求対象の遺言書欄】※請求対象の遺言書の保管番号等を記入してください。

遺言者の氏名	セイ	ホウム
	姓	法 務
	メイ	タロウ
	名	太 郎

遺言者の出生年月日　3　1:令和/2:平成/3:昭和/4:大正/5:明治　50 年 12 月 12 日

遺言者の住所　〒 1 9 2 - 0 3 6 4

都道府県市区町村大字丁目　東京都八王子市南大沢〇丁目

番地　1 1 1 番 地

建物名

遺言者の本籍　都道府県　東 京 都　市区町村　八 王 子 市

大字丁目　南 大 沢 〇 丁 目

番地　1 1 1 番 地

遺言者の国籍（国又は地域）　コード　　　国名・地域名
(注)外国人の場合のみ記入してください。

遺言者の死亡年月日　令和　2 年 11 月 20 日

遺言書が保管されている遺言書保管所の名称　　東京　(地方)法務局　八王子　支局・出張所

請求対象の遺言書の保管番号
(注)請求対象の遺言書の保管番号を記入してください(複数ある場合は，全て記入してください。)。
3通以上ある場合には備考欄に記入してください。

保管番号　H 〇〇〇〇 - 〇〇〇〇〇〇 - 〇〇〇〇〇〇〇〇 - 〇〇

H 　　　 - 　　　　　 - 　　　　　　　 - 　

※遺言書情報証明書、遺言書保管事実証明書又は関係遺言書保管通知の写しを添付した場合は、遺言者の最後の住所、本籍（外国人にあっては、国籍）及び死亡年月日の記入を省略することができます。

遺言書情報証明書の交付請求書¾

【請求人本人の確認・記入欄】※以下の事項について，該当するものがあれば□にレ印を記入してください。

☐ 遺言書情報証明書の交付を受けた。

☐ 遺言書の閲覧をした。

☐ 遺言書保管ファイルの記録の閲覧をした。

☑ 遺言書保管事実証明書の交付を受けた。

☐ 遺言書が保管されている旨の通知を受け取った。

（注）請求書の記載や添付が必要とされている証明書などの書類を一部省略できる場合があります。

> 該当するものにチェック

請求通数　　　　 1 　　通

手数料の額　　 1400 　　円

請求人又は法定代理人の
署名又は記名押印　　　　 法務　次郎

備考欄

> 記名の場合は押印も必要

5003

※右頁の相続人欄は、その後の「通知」のために記載します。遺言書保管官は、遺言書情報証明書を交付した場合は、すみやかに、当該関係遺言書を保管している旨を遺言者の相続人並びに受遺者及び遺言執行者に通知するものとされているためです（法9条5項。この「通知」については、102頁で解説します）。

遺言書情報証明書の交付請求書⁴⁄₄

【相続人欄】※遺言者の法定相続人全員の氏名等を記入してください。法定相続情報一覧図の写し（住所が記載されたもの）
等を添付する場合は，本用紙の記入を省略することができます。

| 相続人の氏名 | 姓 | 法 | 務 | | | | | | | | | | | | | | |

| | 名 | 次 | 郎 | | | | | | | | | | | | | | |

相続人の
出生年月日　[3]　1：令和／2：平成／3：昭和／4：大正／5：明治　　[5][3]年[　][1]月[1][9]日

相続人の住所　〒[1][9][2]-[0][3][6][4]

都道府県
市区町村　東京都八王子市南大沢○丁目
大字丁目

番地　[1][1][2]番地

建物名

| 相続人の氏名 | 姓 | 法 | 務 | | | | | | | | | | | | | | |

| | 名 | 三 | 郎 | | | | | | | | | | | | | | |

相続人の
出生年月日　[3]　1：令和／2：平成／3：昭和／4：大正／5：明治　　[5][5]年[1][1]月[1][1]日

相続人の住所　〒[1][9][2]-[0][3][6][4]

都道府県
市区町村　東京都八王子市南大沢○丁目
大字丁目

番地　[1][1][3]番地

建物名

| 相続人の氏名 | 姓 | | | | | | | | | | | | | | | | |

| | 名 | | | | | | | | | | | | | | | | |

※相続人の住所の記載がある法定相続情報一覧図の写し（ただし、廃除された者が
ある場合を除きます。）、遺言書情報証明書又は関係遺言書保管通知の写しを添付
した場合は、上記【相続人欄】の相続人の氏名、出生年月日及び住所の記入を省
略することができます。

関係相続人等による 関係遺言書の閲覧請求

関係相続人等は、遺言書保管官に対し、関係遺言書の閲覧を請求することが可能です（法9条3項）。

■ 遺言書原本の閲覧請求

関係相続人等が閲覧を請求できるのは**遺言者の死後**であり、関係遺言書を保管する遺言書保管所の遺言書保管官に対してです（法9条3項）。遺言書情報証明書のように、全国どこの遺言書保管所でも対応してもらえるわけではありません（法9条2項参照）。

閲覧を請求するときは、請求書と添付書類を用意し、手数料1,700円を納めて請求しなければなりません。なお、その際の添付書類は93頁に掲げたものと同一です（省令38条、34条参照）。

また、請求時に本人確認がなされることになるため、本人確認のための書類等（24頁）を持参します（省令39条、13条参照）。

※遺言書の閲覧請求は、事前の予約が必要です。

■ モニターによる遺言書保管ファイルの記録の閲覧

関係相続人等は、遺言者の死後、遺言書保管官に対し、関係遺言書について、遺言書保管ファイルに記録された事項を表示したものの閲覧の請求をすることが可能です（政令9条1項）。この閲覧請求の際に必要になる書類（請求書や提出する添付書類）は上記の関係遺言書の閲覧時と同様ですが、関係遺言書の閲覧と異なるのは、**全国どこの遺言書保管所の遺言書保管官に対しても請求ができる**点と（政令9条2項）、手数料が1,400円になる点です。

別記第9号様式（第37条第1項関係）　　　　請求年月日 令和 [　]2 年 1[　]2 月 [　]3 日

請求先の遺言書保管所の名称 | 東京 | (地方)法務局 | 八王子 | 支局・出張所

遺言書の閲覧の請求書（関係相続人等用）

【請求人欄】※請求人の氏名，住所等を記入してください。また，該当する□にはレ印を記入してください。

請求人の資格 [1] 1:相続人／2:相続人以外

請求人の氏名
(注)法人の場合は，姓の欄に商号又は名称を記入してください。
姓 法 務
名 次 郎

請求人の出生年月日
(注)法人の場合は，記入不要です。
[3] 1:令和／2:平成／3:昭和／4:大正／5:明治　　[5][3] 年 [　][1] 月 [1][9] 日

請求人の
会社法人等番号
(注)法人の場合のみ記入してください。

請求人の住所
(注)法人の場合は，本店又は主たる事務所の所在地を記入してください。
〒 [1][9][2] - [0][3][6][4]
都道府県市区町村大字丁目 東京都八王子市南大沢○丁目
番地 [1][1][2]番地
建物名

□ 法定代理人による請求の有無
(注)法定代理人による請求の場合には，レ印を記入してください。
法定代理人の氏名及び住所

請求人又は法定代理人の電話番号
(注)ハイフン(-)は不要です。
[0][4][2][7][6][5][4][3][2][1]

4101

手数料納付用紙まで含めた通し番号を記載

ページ数 ／

※次頁【請求対象の遺言書欄】について、遺言書情報証明書、遺言書保管事実証明書又は関係遺言書保管通知の写しを添付した場合は、遺言者の最後の住所、本籍（外国人にあっては、国籍）及び死亡年月日の記載を省略することができます。

※101頁【相続人欄】について、相続人の住所の記載がある法定相続情報一覧図の写し（ただし、廃除された者がある場合を除きます。）、遺言書情報証明書又は関係遺言書保管通知の写しを添付した場合は、相続人の氏名、出生年月日及び住所の記入を省略することができます。

【請求対象の遺言書欄】※閲覧を請求する遺言書の保管番号等を記入してください。また，該当する□には
レ印を記入してください。

遺言者の氏名	セイ	ホウム
	姓	法 務
	メイ	タロウ
	名	太 郎

遺言者の
出生年月日　3　1：令和／2：平成／3：昭和／4：大正／5：明治　5 0 年 1 2 月 1 2 日

遺言者の死亡年月日　　令和　2 年 1 1 月 2 0 日

遺言書が保管されている
遺言書保管所の名称　　　東 京　（地方）法務局　八王子　支局・出張所

請求対象の
遺言書の保管番号
（注）請求対象の遺言書の保管番号を記入してください（複数ある場合は全て記入してください。）。
　　3通以上ある場合には，備考欄に記入してください。

H ○○○○ － ○○○○ － ○○○○○○ － ○○

H □□□□ － □□□□ － □□□□□□ － □□

希望する閲覧の方法　　☐ モニターによる遺言書保管ファイルの記録の閲覧　　☑ 遺言書の閲覧

手数料の額　　遺言書保管ファイルの記録の閲覧
　　　　　　　遺言書の閲覧

【請求人本人の確認・記入欄】※以下の項目について，該当するものがあれば□にレ印を記入してください。

☑ 遺言書情報証明書の交付を受けた。
☐ 遺言書の閲覧をした。
☐ 遺言書保管ファイルの記録の閲覧をした。　　　　　　該当するものにチェック
☑ 遺言書保管事実証明書の交付を受けた。
☐ 遺言書が保管されている旨の通知を受け取った。
（注）請求書の記載や添付が必要とされている証明書などの書類を一部省略できる場合があります。

請求人又は法定代理人の
署名又は記名押印　　　　法 務　　次 郎

備考欄

4103　　　　　　　　　　　　　　　ページ数　／

【相続人欄】※遺言者の法定相続人全員の氏名等を記入してください。法定相続情報一覧図の写し（住所が記載されたもの）等を添付する場合は，本用紙の記入を省略することができます。

相続人の氏名　姓　法務

　　　　　　　　名　次郎

相続人の出生年月日　3　1：令和／2：平成／3：昭和／4：大正／5：明治　53年11月19日

相続人の住所　〒192－0364

都道府県市区町村大字丁目　東京都八王子市南大沢○丁目

番地　112番地

建物名

相続人の氏名　姓　法務

　　　　　　　　名　三郎

相続人の出生年月日　3　1：令和／2：平成／3：昭和／4：大正／5：明治　55年11月11日

相続人の住所　〒192－0364

都道府県市区町村大字丁目　東京都八王子市南大沢○丁目

番地　113番地

建物名

相続人の氏名　姓

　　　　　　　　名

相続人の出生年月日　　1：令和／2：平成／3：昭和／4：大正／5：明治　　年　　月　　日

相続人の住所　〒　　－

都道府県市区町村大字丁目

番地

建物名

（注）記入欄が不足する場合は，用紙を追加してください。

4104

ページ数　／

遺言書保管官による 関係遺言書保管通知

遺言書保管官は、遺言書を保管している旨を遺言者の相続人等に通知する場合があります。

■ 「通知」がされる場合

遺言書保管官は、次の場合において、遺言者の相続人等に関係遺言書を保管している旨を郵便等にて通知（関係遺言書保管通知）します（法9条5項、省令48条参照、政令9条4項）。

1　遺言書情報証明書を交付したとき（92頁参照）
2　関係相続人等に、関係遺言書の閲覧をさせたとき（98頁参照）
3　関係相続人等に、関係遺言書について、遺言書保管ファイルに記録させた事項を表示したものを閲覧させたとき（98頁参照）

■ 「関係遺言書保管通知」の相手

遺言書保管官が上記の場面で通知するのは、次の者に対してです（法9条5項）。なお、次の者が関係遺言書が保管されていることをすでに知っている場合は、この通知はされません（法9条5項ただし書き、省令48条参照）。

• 遺言者の相続人
• 関係遺言書に係る受遺者及び遺言執行者
• 民法781条2項の規定により認知するものとされた子等（「巻末資料」116頁、関係相続人等の法9条1項2号（イを除く。）及び3号（イを除く。））

特別の場合は、
申請書・撤回書等の閲覧も可能

特別の事由がある場面では、遺言者等は、遺言者が遺言書保管所に提出した申請書等の閲覧を請求することが可能です。

■申請書等の閲覧

遺言者は、遺言書の保管申請又は 80 頁で解説した住所等の変更届出（まとめて「申請等」といいます）をした場合、**特別の事由があるとき**は、当該申請等をした遺言書保管所の遺言書保管官に対して、次の書類の閲覧の請求が可能です（政令 10 条 1 項）。なお、閲覧の請求時は請求書と添付書類（89 頁のものと同じ・省令 50 条）、手数料 1,700 円が必要です。

• その申請等に係る申請書若しくは届出書又はその添付書類（まとめて「申請書等」といいます）

遺言者がこの請求をする場合、遺言書保管所に自ら出頭して行う必要があり、さらにはその際に本人確認がなされます（政令 10 条 6 項）。本人確認のため、24 頁にある書類等を持参しましょう。

■遺言者が死亡している場合

申請等をした遺言者が死亡している場合、**特別の事由があるとき**は、次の者は申請書等の閲覧を請求することが可能です（政令 10 条 3 項）。

1　当該遺言者の相続人
2　関係相続人等（116 頁参照）
3　申請書又は届出書に記載されている受遺者又は遺言執行者

▰撤回書等の閲覧

遺言者は、遺言書の保管申請を撤回することが可能です（法8条1項）。遺言者は、この場合において、**特別の事由があるとき**は、当該撤回がされた遺言書保管所の遺言書保管官に対して、その際の撤回書又はその添付書類（撤回書等）の閲覧を請求することが可能です（政令10条2項）。なお、閲覧の請求時は請求書と添付書類（89頁のものと同じ）、手数料1,700円が必要です。

遺言者がこの請求をする場合、遺言書保管所に自ら出頭して行う必要があり、さらにはその際に本人確認がなされます（政令10条6項）。本人確認のため、24頁にある書類等を持参しましょう。

▰遺言者が死亡している場合

遺言書の保管申請を撤回した遺言者が死亡している場合、**特別の事由があるとき**は、次の者は撤回書等の閲覧を請求することが可能です（政令10条4項）。

1 　当該遺言者の相続人
2 　当該遺言書に記載されていた受遺者又は遺言執行者

▰特別の事由とは

遺言書の申請書等や撤回書等を閲覧できるのは、「特別の事由」がある場合です。特別の事由は、右頁にある閲覧の請求書の下部に記載する欄があり、それが特別の事由にあたるかどうかは、個別具体的に判断されます。

申請書等の閲覧の請求書（遺言者用）½

別記第７号様式（第３１条第１項関係）　　請求年月日 令和 [　] [2] 年 [1] [1] 月 [1] [1] 日

請求先の遺言書保管所の名称　| 東京 | （地方）法務局 | 八王子 | 支局・出張所

申請書等の閲覧の請求書（遺言者用）

【請求人欄】※請求人の氏名，住所等を記入してください。

請求人（遺言者）の氏名	セイ	ホウム
	姓	法 務
	メイ	タロウ
	名	太 郎

請求人（遺言者）の出生年月日　[3] 1：令和／2：平成／3：昭和／4：大正／5：明治　[5][0] 年 [1][2] 月 [1][2] 日

請求人（遺言者）の住所　〒 [1][9][2] － [0][3][6][4]

都道府県市区町村大字丁目	東京都八王子市南大沢○丁目
番地	[1][1][1] 番 地
建物名	

請求人（遺言者）の本籍	都道府県	東 京 都	市区町村	八 王 子 市
	大字丁目	南 大 沢 ○ 丁 目		
	番地	[1][1][1] 番 地		

請求人（遺言者）の国籍（国又は地域）　コード [　][　]　国名・地域名 [　]
(注)外国人の場合のみ記入してください。

請求人（遺言者）の電話番号　[0][4][2][1][2][3][4][5][6][7][　]
(注)ハイフン(－)は不要です。

> 手数料納付用紙まで含めた通し番号を記載

7001　　　　　　　　ページ数　| 1／3

申請書等の閲覧の請求書（遺言者用）2/2

【請求対象の申請書等欄】※閲覧を請求する申請書等に係る遺言書の保管番号等を記入してください。
また，該当する□にはレ印を記入してください。

遺言書保管所の名称	東　京　(地方)法務局　八王子　支局・出張所

遺言書の保管番号

(注)遺言書の保管番号を記入してください（複数ある場合は全て記入してください。）。
3通以上ある場合には，備考欄に記入してください。

H ○○○○ － ○○○○○○ － ○○○○○○○○○ － ○○

H □□□□ － □□□□□□ － □□□□□□□□□ － □□

請求対象の申請書等・
届出書等・撤回書等の種別　　☑ 保管申請書等　　□ 変更届出書等　　□ 撤回書等

閲覧を請求
する特別の
事由

なりすましによって遺言書の保管の申請がされたおそれがあり、
申請書等の原本を確認する必要があるため。

> 事由を記入

手数料の額　　1,700　円

請求人（遺言者）の
署名又は記名押印

法　務　太　郎

備考欄

> 記名の場合は押印も必要

7002

ページ数　2／3

106

申請書等の閲覧の請求書（関係相続人等用）½

別記第11号様式（第49条第1項関係）

請求年月日 令和 ☐2年12月11日

請求先の遺言書保管所の名称 　東京　（地方）法務局　八王子　支局・出張所

申請書等の閲覧の請求書（関係相続人等用）

【請求人欄】※請求人の氏名，住所等を記入してください。また，該当する☐にはレ印を記入してください。

請求人の資格	☐1 1：相続人／2：相続人以外

請求人の氏名
(注)法人の場合は，姓の欄に商号又は名称を記入してください。

姓 法 務

名 次 郎

請求人の
出生年月日
(注)法人の場合は，記入不要です。

☐3 1：令和／2：平成／3：昭和／4：大正／5：明治　5 3 年 ☐1 月 1 9 日

請求人の
会社法人等番号
(注)法人の場合のみ記入してください。

請求人の住所 〒192-0364
(注)法人の場合は，本店又は主たる事務所の所在地を記入してください。

都道府県
市区町村
大字丁目 東京都八王子市南大沢○丁目

番地 1 1 2 番 地

建物名

☐ 法定代理人による請求の有無
(注)法定代理人による請求の場合には，レ印を記入してください。
法定代理人の氏名及び住所

請求人又は法定代理人の電話番号 0 4 2 7 6 5 4 3 2 1
(注)ハイフン(−)は不要です。

請求人又は法定代理人の
署名又は記名押印

法 務　次 郎

> 記名の場合は押印も必要

備考欄

> 手数料納付用紙まで含めた通し番号を記載

7101

ページ数 1／3

※次頁【請求対象の申請書等欄】について、関係遺言書保管通知の写しを添付した場合は、遺言者の最後の住所、本籍（外国人にあっては、国籍）及び死亡年月日の記入を省略することができます。

【請求対象の申請書等欄】※閲覧を請求する申請書等に係る遺言書の保管番号等を記入してください。
また，該当する☐にはレ印を記入してください。

遺言者の氏名	セイ	ホウム
	姓	法 務
	メイ	タロウ
	名	太 郎

遺言者の 出生年月日	3	1：令和／2：平成／3：昭和／4：大正／5：明治	5 0 年 1 2 月 1 2 日

遺言者の住所　〒 1 9 2 － 0 3 6 4

都道府県 市区町村 大字丁目	東京都八王子市南大沢○丁目
番地	1 1 1 番 地
建物名	

遺言者の本籍	都道府県	東 京 都	市区町村	八 王 子 市
	大字丁目	南 大 沢 ○ 丁 目		
	番地	1 1 1 番 地		

遺言者の国籍 （国又は地域） （注）外国人の場合のみ 記入してください。	コード ☐☐	国名・ 地域名

遺言者の死亡年月日　令和 2 年 1 1 月 2 0 日

遺言書保管所の名称	東 京	（地方）法務局	八王子	支局・出張所

遺言書の保管番号　（注）遺言書の保管番号を記入してください（複数ある場合は全て記入してください。）。
　　　　　　　　　3通以上ある場合には，備考欄に記入してください。

H ○○○○ － ○○○○○ － ○○○○○○○○ － ○○

H ☐☐☐☐ － ☐☐☐☐☐ － ☐☐☐☐☐☐☐☐ － ☐☐

請求対象の申請書等・ 届出書等・撤回書等の種別	☑ 保管申請書等	☐ 変更届出書等	☐ 撤回書等

閲覧を請求 する特別の 事由	なりすましによって遺言書の保管の申請がされたおそれがあり、 申請書等の原本を確認する必要があるため。

事由を記入

手数料の額　1700　円

7102

ページ数　2／3

108

巻末資料

- ●不動産の表示について
- ●代襲相続について
- ●法定相続分について
- ●外国人が遺言書保管制度を利用する場合
- ●関係相続人等について

不動産の表示について（本文40頁）

　遺言書に不動産の表示を記載する場合は、登記事項証明書の記載に従って記載するのが通例です。遺言者が亡くなった後に、遺言書に基づいて相続人が相続登記（相続した不動産の名義変更手続）をスムーズに行うことができるようにするためです。

■ 相続登記で遺言書を添付する

　たとえば「遺言者が有する別紙１の土地は、長男である○○（昭和○○年○月○日生）に相続させる」という旨の遺言書がある場合に、その長男は遺言書を添付して登記申請することで、他の相続人の協力なしに不動産の名義を自分に変えることができます。

　このように、相続登記の申請において遺言書を添付することを考えると、遺言書に記載する不動産の表示は、不動産登記法令に則って不動産の表示を記載するのが最善だといえます。不動産登記法令によると、不動産の表示の仕方は次のとおりです。

不動産の種類	特定事項
1　土地	所在、地番、地目、地積
2　建物	所在、家屋番号、種類、構造、床面積
3　区分建物	• 一棟の建物の表示として、所在、建物の名称（「建物の名称」がなければ一棟の建物の構造及び床面積）、 • 専有部分の表示として、家屋番号、建物の名称、種類、構造、床面積 • 敷地権の表示として、土地の符号、所在及び地番、地目、地積、敷地権の種類、敷地権の割合（敷地権付ではない区分建物の場合は、土地の表示は上記１の記載に従う

■区分建物の表示（下記は一例です）

【敷地権付の区分建物の表示の例（一棟の建物の名称あり）】

一棟の建物の表示

 所在   千代田区九段○○町1番地1

 建物の名称   九段○○ビル

専有部分の建物の表示

 家屋番号   九段○○町1番1の201

 建物の名称   201

 種類   居宅

 構造   鉄筋コンクリート造1階建

 床面積   2階部分 89.45㎡

敷地権の表示

 土地の符号   1

 所在及び地番 千代田区九段○○町1番1

 地目   宅地

 地積   486.15㎡

 敷地権の種類 所有権

 敷地権の割合 10000分の507

（注）登記事項証明書の「表題部」のとおりに記載してください。

（注）区分建物の表示は、記載するべき事項が多岐にわたりますので、法務局で取得した登記事項証明書の写しを、そのまま相続財産の目録として使うことをおすすめします。

（注）登記事項証明書の写しを相続財産の目録にする際は、62頁に示した余白の内側におさまるようにしましょう。

【敷地権付ではない区分建物の表示の例（一棟の建物の名称なし）】

　※敷地権付ではない区分建物とは、建物の登記事項証明書とその敷地である土地の登記事項証明書が一体化されていないものを指します。

　　一棟の建物の表示

　　　所在　　　　　　　千代田区九段○○町１番地１

　　　構造　　　　　　　鉄筋コンクリート２階建

　　　床面積　　　　　　１階　333㎡

　　　　　　　　　　　　２階　333㎡

　　専有部分の建物の表示

　　　家屋番号　　　　　九段○○町１番１の201

　　　建物の名称　　　　201

　　　種類　　　　　　　居宅

　　　構造　　　　　　　鉄筋コンクリート造１階建

　　　床面積　　　　　　２階部分　　89.45㎡

　　　所在　　　　　　　千代田区九段○○町

　　　地番　　　　　　　１番１

　　　地目　　　　　　　宅地

　　　地積　　　　　　　486.15㎡

　　　持分　　　　　　　10000分の507

> 敷地権付ではない区分建物について表示を記載する際は、このように敷地の表示と持分もあわせて記載しましょう。

（注）敷地権付ではない区分建物の場合は、土地の表示を忘れずに記載してください。

代襲相続について（本文50頁）

代襲相続とは、本来相続人となるべき立場の者が被相続人の死亡以前に死亡している等の事情により、その本来相続人となるべき立場をその者の子などが承継することを意味します。

■典型例は「親より先に子が死亡して、孫が相続」

民法によると、被相続人の子は相続人になるとしつつも、被相続人の子が、相続の開始以前に死亡したとき等は、その者の子がこれを代襲して相続人となるとしています（ただし、その者の子が被相続人の直系卑属でない者はこの限りではありません）（民法887条参照）。

また、被相続人に子がなく、被相続人の直系尊属も被相続人よりも前に死亡していた場合は、被相続人の兄弟姉妹が相続人になりますが、この兄弟姉妹が被相続人の死亡以前に死亡していた等の事情があれば、その兄弟姉妹の子（つまり甥姪）が兄弟姉妹を代襲して相続人となります（民法889条参照）。

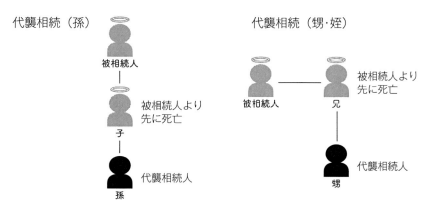

代襲相続（孫）

被相続人

被相続人より
先に死亡
子

代襲相続人
孫

代襲相続（甥・姪）

被相続人　兄　被相続人より
先に死亡

代襲相続人
甥

（注）孫も被相続人よりも先に死亡している状況であれば、孫の子で被相続人の直系卑属が代襲相続人になります（再代襲）。甥姪が被相続人よりも先に死亡している場合は、再代襲の規定は適用されません。

法定相続分について（本文52頁）

　民法では、各相続人が相続できる取り分（法定相続分）を定めています。ただし、遺言や遺産分割の内容次第では、法定相続分と異なる形で遺産を承継することは可能です。

■相続人によって「法定相続分」は異なる

　相続人の取り分である法定相続分は、相続人の立場によって異なります。被相続人に近い立場の者ほど、たくさん相続できる仕組みになっているのです。具体的には、**配偶者の法定相続分がもっとも大きいものとされています。**なお、子、直系尊属、兄弟姉妹のことを血族相続人といいます。

　法定相続分を図表でまとめると、次のとおりです（民法900条）。

被相続人の親族状況	配偶者	子（孫）	直系尊属	兄弟姉妹（甥姪）
ケース1 （子がいる）	1/2	1/2 （注2）		
ケース2 （子がいない）	2/3		1/3 （注2）	
ケース3 （子と直系尊属がいない）	3/4			1/4 （注2）
ケース4 （血族相続人がいない）	1 （注1）			

（注1）上記図の「1」とは、すべてを相続できることを意味します。

（注2）被相続人死亡時に配偶者が存在しない事情（離婚や死別）があれば、血族相続人のみが相続人になり、血族相続人がすべてを相続します。つまり「1/2・1/3・1/4」が「1」になるのです。

外国人が遺言書保管制度を利用する場合

法務局での遺言書保管制度は外国人も利用することが可能です。

外国人が利用する場合は、申請書等の記載の仕方に注意が必要です。

■記載の仕方

外国人の場合でも，申請書等の記載は日本語によります。ローマ字ではなく、カタカナ又は漢字で記入するようにしましょう。また、本籍や戸籍筆頭者についての記載欄には、記載する必要はありません。

■国又は地域の「コード」等

外国人の場合、遺言書保管制度の申請書等には国又は地域の「コード」と国名・地域名を記入する欄があります。それらのコード等の一例を挙げると次のとおりです。

コード	国・地域名（日本語表記）	国・地域名（英語表記）
US	アメリカ合衆国	United States of America
IT	イタリア共和国	Italian Republic
IN	インド	India
GB	英国	United Kingdom of Great Britain and Northern Ireland
TW	台湾	Taiwan

※詳しくは「http://www.moj.go.jp/content/001321964.pdf」で確認してください。その他の国・地域についてまとめられています。

関係相続人等について（92頁など）

　「関係相続人等」に該当する者は、遺言書情報証明書の交付を請求することが可能です。ここで、「関係相続人等」についてまとめます。

■関係相続人等（法9条1項）

一　当該遺言書の保管を申請した遺言者の相続人（民法第891条の規定に該当し又は廃除によってその相続権を失った者及び相続の放棄をした者を含む。以下この条において同じ。）

二　前号に掲げる者のほか、当該遺言書に記載された次に掲げる者又はその相続人（ロに規定する母の相続人の場合にあっては、ロに規定する胎内に在る子に限る。）

　イ　第4条第4項第3号イに掲げる者

　ロ　民法第781条第2項の規定により認知するものとされた子（胎内に在る子にあっては、その母）

　ハ　民法第893条の規定により廃除する意思を表示された推定相続人（同法第892条に規定する推定相続人をいう。以下このハにおいて同じ。）又は同法第894条第2項において準用する同法第893条の規定により廃除を取り消す意思を表示された推定相続人

　ニ　民法第897条第1項ただし書の規定により指定された祖先の祭祀しを主宰すべき者

　ホ　国家公務員災害補償法（昭和26年法律第191号）第17条の5第3項の規定により遺族補償一時金を受けることができる遺族のうち特に指定された者又は地方公務員災害補償法（昭和42年法律第121号）第37条第3項の規定により遺族補償一時金を受けることができる遺族のうち特に指定された者

　ヘ　信託法（平成18年法律第108号）第3条第2号に掲げる方法によっ

て信託がされた場合においてその受益者となるべき者として指定された者若しくは残余財産の帰属すべき者となるべき者として指定された者又は同法第89条第2項の規定による受益者指定権等の行使により受益者となるべき者

ト　保険法（平成20年法律第56号）第44条第1項又は第73条第1項の規定による保険金受取人の変更により保険金受取人となるべき者

チ　イからトまでに掲げる者のほか、これらに類するものとして政令で定める者

三　前2号に掲げる者のほか、当該遺言書に記載された次に掲げる者

イ　第4条第4項第3号ロに掲げる者

ロ　民法第830条第1項の財産について指定された管理者

ハ　民法第839条第1項の規定により指定された未成年後見人又は同法第848条の規定により指定された未成年後見監督人

ニ　民法第902条第1項の規定により共同相続人の相続分を定めることを委託された第三者、同法第908条の規定により遺産の分割の方法を定めることを委託された第三者又は同法第1006条第1項の規定により遺言執行者の指定を委託された第三者

ホ　著作権法（昭和45年法律第48号）第75条第2項の規定により同条第1項の登録について指定を受けた者又は同法第116条第3項の規定により同条第1項の請求について指定を受けた者

ヘ　信託法第3条第2号に掲げる方法によって信託がされた場合においてその受託者となるべき者、信託管理人となるべき者、信託監督人となるべき者又は受益者代理人となるべき者として指定された者

ト　イからヘまでに掲げる者のほか、これらに類するものとして政令で定める者

■著者紹介

碓井　孝介（うすい　こうすけ）

　1984年北海道札幌市生まれ。司法書士（簡裁訴訟代理等関係業務認定）。司法書士平成事務所（札幌市中央区）にて、相続業務・遺言関連業務等を中心に手掛ける。「依頼人と共に解決する」を信条とする。

　著書は『はじめての相続登記ひとりで手続ガイド』（中央経済社）や『自分でする相続放棄』『相続手続が簡単に　法定相続情報証明制度の利用の仕方』『図解でわかる　改正相続法入門』（日本加除出版）など多数。

法務局に預けて安心！
遺言書保管制度の利用の仕方

2020年7月10日　初版発行
2023年8月22日　初版第4刷発行

著　者　碓　井　孝　介
発行者　和　田　　　裕

発行所　日本加除出版株式会社
本　社　〒171-8516
　　　　東京都豊島区南長崎3丁目16番6号

組版　㈱亨有堂印刷所　　印刷・製本（POD）　ジャーナル印刷㈱

定価はカバー等に表示してあります。
落丁本・乱丁本は当社にてお取替えいたします。
お問合せの他、ご意見・感想等がございましたら、下記まで
お知らせください。

〒171-8516
東京都豊島区南長崎3丁目16番6号
日本加除出版株式会社　営業企画課
電話　　03-3953-5642
FAX　　03-3953-2061
e-mail　toiawase@kajo.co.jp
URL　　www.kajo.co.jp

図解でわかる 改正相続法入門

碓井孝介 著

2018年12月刊 A5判 148頁 定価1,540円(本体1,400円) 978-4-8178-4531-3

商品番号：40748
略　　号：図改正

●相続法改正の全体像を2時間でチェックできるよう、各項目を見開きで完結して解説。配偶者居住権、遺産分割、自筆証書遺言、遺言執行者、相続の効力、遺留分、相続人以外の者の貢献の7つのテーマごとに整理し、旧法の問題点から改正内容を解きほぐす。

相続手続が簡単に 法定相続情報証明制度の 利用の仕方

碓井孝介 著

2017年6月刊 A5判 152頁 定価1,650円(本体1,500円) 978-4-8178-4400-2

商品番号：40679
略　　号：相情

●「法定相続情報証明制度」によって相続手続はどう変わるのか？手続の流れに沿って、必要な知識をわかりやすく整理した一冊。
●戸籍の読み方・取り方や相続手続の進め方も解説。
●必要な書類の集め方や作成の仕方を具体的に提示。

自分でする相続放棄

碓井孝介 著

2017年5月刊 A5判 184頁 定価1,980円(本体1,800円) 978-4-8178-4391-3

商品番号：40672
略　　号：相放

●司法書士である著者が、相続放棄の手続きについて、当事者が「自分でする」という前提のもとストーリー形式で解説。
●読者が読み疲れないよう配慮した限られた文字数のなかでわかりやすさを追求し、難しい法律の予備知識がなくてもさらりと読める一冊。

日本加除出版

〒171-8516　東京都豊島区南長崎3丁目16番6号
営業部　TEL (03) 3953-5642　FAX (03) 3953-2061
www.kajo.co.jp